우리 아이 주식부자 만들기

우리 아이 주식부자 만들기

초판 1쇄 인쇄 2022년 2월 1일
초판 1쇄 발행 2022년 2월 10일

지은이 • 박현아, 서창호
발행인 • 강혜진
발행처 • 진서원
등록 • 제 2012-000384호. 2012년 12월 4일
주소 • (121-887) 서울 마포구 합정동 433-24 진서원빌딩 3층
대표전화 • (02) 3143-6353 / **팩스** • (02) 3143-6354
홈페이지 • www.jinswon.co.kr | **이메일** • service@jinswon.co.kr

편집진행 • 임지영 | **기획편집부** • 한주원, 최고은 | **표지 및 내지 디자인** • 디박스
종이 • 다올페이퍼 | **인쇄** • 보광문화사 | **마케팅** • 강성우

ISBN 979-11-86647-85-1 13320
진서원 도서번호 21011
값 17,000원

우리아이 주식부자 만들기

수익률 200%, 복리의 기적을 경험했다!

박현아, 서창호 지음

진원

'가난'도 '금융 문맹'도
대물림하고 싶지 않았다!

전업주부, 경력 단절, 불안감……
'갑자기 남편이 어떻게 되기라도 하면 어쩌지'

호랑이가 곶감을 무서워하는 이유는 곶감의 존재를 모르기 때문이다. 나에게 집 밖 세상이 곶감과 같았다. 세상과 단절된 시간이 길어질수록 낮아지는 자존감과 늘어가는 불안감으로, 스스로를 온실 속 화초보다 못한 존재로 생각했다.

수십 개의 시계가 다른 시각을 가리킨 채 알람이 울렸고, 창문 하나 없는 방에서 진짜 시계를 찾으려 발버둥 치고 있는 내가 보였다. 이마에는 식은땀이 흐르고 급기야 비명을 지르다 잠에서 깨고 말았다. 몇 년 전 꿈이 이토록 생생한 이유는 정지된 나의 시계와 다르게 2배속으로 움직이는 세상의 시계 때문이었다.

문득 이런 생각이 들었다. '갑자기 남편이 어떻게 되기라도 한다면……?'

어설픈 경제력이라도 갖추고 싶어 사회생활을 시작했지만, 머지않아 나의 경력은 다시 단절되고 말았다. 미래에 대한 막연한 불안함, 나를 무섭게 하는 '곶감'을 알아내고 싶었다.

현재보다 더 나은 미래, 살아지는 인생보다 살고 싶은 인생을 그려보고 싶었다. 그러기 위해 돈 공부는 필수였다. 육아와 살림에서 벗어나 새로운 분야에 몰두하며 나를 짓누르던 불안은 점차 사그라들기 시작했다.

엄마가 돈 공부를 시작하자, 식탁의 대화도 달라졌다!

돈을 주인으로도, 하인으로도 만들지 않기 위해서는 돈 공부와 함께 나에 대한 공부가 필수였다. 돈을 모으고 불리는 일도 중요하지만 그보다 돈에 대한 욕망을 다스리는 것이 먼저였다. 또한 물처럼 순환하는 돈을 공부하다 보니 돈 이야기는 더 이상 어른들만의 것이 되어서는 안 되었다. 돈과 투자에 대해 무지한 '금융 문맹'은 자녀에게까지 대물림된다는 사실을 알게 되었기 때문이다.

투자를 시작하고 경제에 대한 관심이 생기니 서슴없이 아이들

앞에서 돈 이야기를 할 수 있게 되었다. 식탁에서 남편과 아이들과의 대화는 풍성해졌고, 가족문화도 변해갔다. 돈 공부를 함께하는 문화, 가족이 함께 자산관리를 하는 문화, 가족 모두가 자본가가 되는 문화로 말이다.

부모와 아이 모두 주식을 소유했다면 자본가 가족

아이의 미래와 부모의 노후를 함께 준비하는 방법은 바로 '자본가 가족'이 되는 것이라 생각한다. 다행히 자본가 가족이 되는 일은 어렵지 않다. 아이와 함께 신나게 돈 이야기를 하는 것부터 시작하면 된다.

돈 이야기를 일찍 시작한다고 해서 돈만 밝히는 속물로 자라지 않는다. 오히려 인생을 적극적으로 설계하는 성인으로 자라게 될 가능성이 크다.

자녀와 함께하는 주식투자는 세상을 읽는 눈을 키우는 최고의 학습이다. 우리의 소비생활과 기업의 성장 관계를 이해하면 '투자'의 의미도 쉽게 받아들일 수 있다. 나아가 기업의 주인이 되어 세상을 바라보면, 아이들도 사회와 경제의 틀을 이해하고 자신의 미래를 설계할 수 있다.

두 아들과 함께 카카오프렌즈샵을 구경 갔다가 카카오 주식을 사고, 제주도에서 전기차를 타보고는 테슬라 주식을 샀다. 해피밀을 먹다가 맥도날드 주주가 되었고, 마블 영화를 보다가 디즈니 주주가 되었다. 이처럼 아이들과 함께 생활 속에서 투자의 아이디어를 발굴하고 경험을 쌓는 일은 어렵지 않다.

경제에 관심이 생겼는데 어디서부터 어떻게 공부를 해야 할지 막막한 엄마들을 위해, 아이와 함께 주식투자를 시작해보고 싶은 부모들을 위해 이 책을 썼다. 자본가 가족이 되기 위한 첫걸음에 조금이나마 도움이 되었으면 한다.

책을 쓰는 동안 진심 어린 걱정과 함께 넘치는 도움을 준 남편과 끊임없이 소재를 던져주는 두 아들에게 고마움을 전한다. 그리고 무모한 도전에 무한한 응원을 보내주는 랜선 이모들, 알고TV 구독자님, 블로그 이웃님, 그리고 휴밍이들에게 고마움을 표현하고 싶다. 마지막으로 어머님과 부모님께 평소 못한 말을 해본다.

'사랑합니다.'

박현아

가족이 함께하는 투자의 세계로

부자들의 생각이 바뀌고 있다!

은행 생활 16년차, PB팀장으로 수많은 고액 자산가들을 만났고, 지금도 그들의 자산을 관리하고 있다. 몇 년 전까지만 해도 대부분의 고객들은 자녀들이 PB센터에 오는 것을 좋아하지 않았다. 심지어 자신이 PB센터에 거래하는 사실조차 숨기는 경우도 많았다. 어릴 적부터 돈에 관심을 가지는 것보다 학업이나 직장생활에 집중하기를 원했기 때문이다. 그런데 요즘 그들의 생각이 바뀌고 있다. 배우자나 자녀를 나에게 소개하며, 자산관리 상담을 부탁하는 경우가 늘고 있다.

금리, 환율 등의 기초 개념과 변화하는 경제 상황과 주식시장의 흐름에 대해 고객의 가족들에게 투자 교육을 하고 있다. 특히 자녀들에게 투자 교육을 진행하면, 본인의 투자수익률을 올리는 것만큼이나 매우 흡족해한다. 진작 투자를 가르치고 자산을 스스로 굴려보게 했으면 좋았겠다는 아쉬움을 토로하는 분들도 많다.

또한 수백억원의 부동산을 소유한 고객들도 최근 주식이나 펀드와 같은 금융 상품에 대해 관심이 높아졌다. 그들 또한 자녀들의 투자 교육을 나에게 부탁한다. 과거에 주식투자에 부정적이던 고객들도 이제는 주식에 관심을 가지기 시작한 것이다. 이처럼 주식시장에 대한 인식이 빠르게 달라지고 있는 것을 매일 실감하고 있다. 그렇다면 우리와 같은 평범한 사람들이 자산가로 성장하기 위해서는 주식시장에 관심을 가지고, 일찍부터 아이들에게 투자를 가르쳐야 하지 않을까?

엄마가 바뀌니까 온 가족이 바뀐다!

20살 때부터 주식투자를 시작한 만큼 오래전부터 돈에 대한 관심이 많았다. 결혼을 하고 아내에게 이런저런 투자 이야기를 했지만 당시 아내는 큰 관심을 보이지 않았다. 알아서 하라는 식의 아내의 반응에 기운이 빠지기도 했고, 솔직히 눈치가 보여 이야기를 잘 꺼내지도 못했다. 그런데 언젠가부터 아내가 주식투자에 관심을 가지기 시작하며 많은 것이 달라졌다. 지금은 식사를 하면서, 여행을 하면서, 또 쇼핑을 하면서도 가족이 함께 투자 이야기를 한다. 주식투자에 대해 조금 더 알고 있는 나는 퇴근 후 소파에 늘어져 있던 아빠에서 수다쟁이 아빠로 변했다. 새로운 기업에 투자하게 되면 아내와 아이들에게 합당한 설명을 해야 하기에 신중히 고민하고 또 공부했다. 가끔씩 신이 나서 말이 길어지면 가족들의 눈이 반쯤 감겨 있기도 하지만, 투자에 대한 나의 확신은 아이들만큼이나 쑥쑥 커졌다.

우리 가족의 이러한 변화는 아내가 주식투자를 시작했기 때문이 아닐까 싶다. 아이들과 가장 많은 시간을 보내는 엄마의 생각이 바뀌면 가족 분위기도 바뀌게 된다. 우리 가족의 큰 변화는 결국 아내가 가져왔다.

40대 외벌이 가장의 짐을 덜어 내보자

언제까지 이렇게 일할 수 있을까? 내 나이 앞자리에 '4'자가 붙기 시작하면서 서서히 드는 고민이다. 가장의 무게는 점점 무거워져 갔기에 혼자서 짐을 껴안지 않고 나눌 수 있는 방법을 찾아야 했다. 이제 주식투자는 선택이 아니라 필수인 시대다. 가족이 함께 노후 준비를 하면 더 이상 외롭지 않다. 은퇴를 하더라도 나를 대신해 돈을 벌어줄 든든한 투자처를 찾는다면 가족의 미래를 맡겨도 되지 않을까? 한 회사의 직원도 좋지만, 글로벌 우량회사에 지분을 투자하는 사업가 가족이 되면, 가장의 어깨는 깃털처럼 한층 가벼워질 수 있다.

사실 아내가 책을 쓰자고 했을 때 솔직히 무모한 도전이라고 생각했다. 하지만 아내가 밤낮으로 모니터 앞에서 끙끙대며 끝까지 포기하지 않았기에, 이 책이 세상에 나올 수 있었다. 옆에서 지켜만 보다가 조금 거들었을 뿐인데 공저자로 이름을 올리는 게 사실 미안할 따름이다. 투자에 관심을 갖고, 경제교육까지 씩씩하게 하고 있는 아내가 자랑스럽고 고맙다.

이 책이 독자들에게 큰 감동이나 대단한 지식을 드리기에는 많이 부족할 수도 있다. 하지만 열심히 가정을 이끌어가는 모든 위대한 부모들과 자녀들의 첫 투자의 길목에 조금이라도 도움이 되었으면 한다.

서창호

우리 아이 주식부자 만들기
4단계 실천법

Step 1
주식계좌 개설하기

미성년자 계좌 개설, 이것만 준비하면 OK!

❶ 부모 신분증 ❷ 가족 관계증명서
❸ 기본증명서(자녀 기준 상세) ❹ 부모 또는 자녀 도장

셋째마당 참고

▶ 4가지 준비물 들고 증권회사 방문! 국내, 해외주식 계좌 개설하기

Step 2
현금 증여하기

자녀 연령별 현금 증여로 비과세 혜택 UP!

1~10살	11~20살	성인
2,000만원 증여	2,000만원 증여	5,000만원 증여

셋째마당 참고

▶ 현금 증여 후 홈택스에서 셀프 신고하기!

최대 400만원 절세 효과!

10살 전, 20살 전
시드머니를 2배로 키우는 절호의 찬스!

Step 3
종목 선정하기

부부는 물론 아이도 함께 참여시키기

❶ 자녀가 취직했으면 하는 회사를 찾아라!
❷ 세계 1등 회사에 투자하자!
❸ 미래 성장 산업에 주목하자!
❹ 안정적 투자를 원한다면 우량주 투자와 ETF로!

> 수익률 200% 달성!

NAVER 127.19%	**T TESLA** 591.70%
kakao 250.40%	**◎ NVIDIA.** 226.36%

셋째, 넷째마당 참고

Step 4
경제교육 하기

자녀를 100억 자본가로 키우기

❶ 가족의 자산 현황 솔직하게 공유하기
❷ 엄마와 아빠가 먼저 뉴스와 신문 보기
❸ 새로운 도전과 모험의 기회 제공하기

> 식탁에서 시작하는 경제교육!

넷째마당 참고

| 차례 |

(× 첫째마당 ×)

아파트를 놓치고 돈 공부를 시작했다

실전! 미성년 자녀를 위한 주식투자
(feat. 오직 매수! 수익 200%)

× 넷째마당 ×

자녀를 100억 자본가로 키우려면?

알고TV
영상 찾아보기

| 넷 | 째 | 마 | 당 |

돈의 흐름을 알려면 이것부터

250page

금리 인상, 정말 주식시장에 악재가 되는 걸까?

251page

금리와 채권의 관계 가장 쉽게 설명해드릴게요!

251page

달러투자는 어떻게 시작하면 좋을까?

252page

인플레이션 처방책, 테이퍼링이 뭘까?

254page

좋은 기업은 성적표만으로 찾을 수 없다!

271page

첫째마당

아파트를 놓치고
돈 공부를 시작했다

01

신혼 때,
왜 남들처럼 아파트를 안 샀을까?

전업주부 10년, 상대적 박탈감은 커지고……

　은행원 남편과 교사 출신 아내가 만났다. 둘 다 나름 착실하게 공부한 후, 부모 도움 없이 우리의 힘으로 결혼하고 가정을 꾸렸다. 빨리 자리 잡으려면 맞벌이는 필수라 생각했지만, 첫 아이가 유산되는 바람에 워킹맘이 되기가 두려워졌다. '아껴서 살면 되지. 용돈벌이 정도는 할 수 있어'라고 다짐하며 딱 용돈 정도만 벌어 썼다. 남편 수입으로 6개월 적금, 1년 예금, 풍차돌리기를 통해 전세 대출을 차근차근 갚아나가기 시작했다.

　2010년 당시 동네 20평대 아파트 전세는 6,000만원으로 매매 가격과 2,000만~3,000만원 정도밖에 차이가 나지 않았다. 물론 대출을 더 받으면 매매를 할 수 있었지만, 우리 분수에 맞지 않는 일이라 생각했다. 남편 친구들이 대출을 받아 미분양된 30평대 아파트를 쇼핑하듯 모으는 동안 우린 그저 고개만 저었다.

'맞벌이니까 가능한 거야. 우리는 저렇게 못 해.'

퇴사 후, 임신 준비로 집에만 있던 나는 스스로를 무능한 사람이라 생각했다. 오직 임신만 생각하는 삶이라니……. 더 큰 고민을 안고 사는 사람들 입장에서는 복에 겨운 소리로 들리겠지만, 그때의 나는 전혀 행복하지 않았다. 남편 친구의 아내들은 대부분 공무원이나 은행원이었기에 맞벌이를 하며 급속도로 재산을 불려나갔다. 나는 괜한 자격지심에 남편에게 못할 말을 하기도 했다.

"시댁이 잘사나봐. 조금은 도와주셨겠지……."

위축된 나의 모습이 마음에 들지 않아 일부러 들으라고 엉뚱한 이야기를 갖다 붙이며 남편에게 상처를 줬다. '빨리 아이라도 생겨라. 그러면 좀 더 당당해질 수 있지 않을까?'라는 생각을 하며 아이를 축복이 아닌 자존감 회복의 수단으로 삼으며 기다렸다. 그때의 난 미성숙하기 그지없는 철없는 여자였다.

녹물 나오는 전셋집에서 아이를 키울 순 없잖아?

2011년 4월, 드디어 원하던 아이가 찾아왔다. 그런데 한 가지 문제가 생겼다. 당시 우리가 살던 집은 30년 연식의 20평대 전셋집으로 화장실에 세면대가 없어서 늘 쪼그려 앉아 세수를 해야 했다. 세숫대야에 물을 받는데 어느 날부턴가 노르스름한 물이 나오기 시작했다. 배관이 노후하여 녹물이 나오기 시작한 것이었다.

내가 녹물을 충분히 흘려 보내는 동안, 남편은 집주인에게 연락을 했다. 집주인은 돈이 드는 일이라 그런지 소극적인 태도를 보였다. 우리에게는 두 가지 방법이 있었다. 월 59,000원 상당의 연수기를 설치해 사용하든지 아니면 쿨하게 이사를 떠나는 것이었다. 계약 기간이 아직 남아 있었지만, 아침저녁으로 하얀 세숫대야에 넘쳐흐르는 녹물을 생각하면 그건 큰 문제가 되지 않았다.

뱃속 아기에게 녹물을 먹이고, 그 물로 몸을 씻긴다는 건 정말 상상조차 하기 싫은 일이었다. 전세대출 기간이 조금 남은 상태에서 우리는 급히 새 집을 구해야 했다.

갭투자자를 걱정해주던 쫄보 시절

집값은 그새 조금씩 오르고 있었고, 비슷한 시기에 결혼한 남편의 친구들은 갭투자에 더 열을 올리고 있었다.

대출을 많이 받는 사람들은 마치 우리와는 다른 세계에 사는 사람들 같았다. 아니 더 솔직히 말하자면 '저러다 언젠가 망한다'라는 주문을 남모르게 외우고 있었을지도 모르겠다. 쫄보였던 것도 모자라 눈 뜬 장님이 된 채로 말이다. 그 많은 돈들이 부동산으로 흘러가고 있었는데 우리는 그냥 구경만 했다. '너희들 그렇게 배부르게 먹다가 언젠가 탈 난다. 우리처럼 소식하면서 기다려야지' 하면서 말이다.

그런데 웬걸! 배부르게 먹어도 탈 한번 나지 않는 성장기가 사람에게만 있는 게 아니었다. 대출규제가 풀리고 부동산시장이 호황일 때 지인들은 우리가 몇 년간 풍차돌리기를 하며 모은 돈을 단 몇 달 만에 벌었다. '상대적 박탈감이 이런 거였구나' 하며 절로 허탈해졌다.

남편 친구네 집들이에 다녀오면 우리가 늘 하는 말이 있었다. "그래도 우리 집이 제일 좋아. 아늑하고 편해. 그치?" 우리의 마음은 모순덩어리 자체였다. 그들을 부러워하면서도 그 마음을 숨기느라 바빴다. 우리는 돈 앞에서 참 순수했을 뿐, 정직하지는 못했다.

공공임대 청약, 10년간 떠돌이 생활

상대적 박탈감을 조금이라도 벗어나고 싶어 선택한 것이 10년 공공임대 청약을 넣는 일이었다. 생애 최초 청약이 얼떨결에 당첨되었다.

30평대 새 아파트에 보증금 1억원을 넣으면 월 임대료가 약 60만원, 10년 동안 살 수 있고 그 이후 매매도 가능했다. 마침 운이 좋아 로열동의 로열층으로 배정받았다. 그러나 기쁨도 잠시, 남편은 다시 계산기를 두드렸다. 월 임대료 60만원, 관리비 등 양가 부모님의 보험료까지 고정지출을 합해보니 월 150만원이 넘었다. 게다가 보증금 1억원을 만들기 위해서 대출도 더 받아야 한다는 이야기를 조심스레 꺼냈다.

이럴 거면 모델 하우스는 왜 데리고 갔을까. 눈앞에 아른거리는 새하얀 벽지와 하이그로시 싱크대, 오크톤의 마루와 튼튼한 새시를 눈물을 머금고 포기해야만 했다. 난 대출이자를 보탤 만한 경제적인 능력이 없었으니까.

결국 녹물이 나오는 집 대신 선택한 곳은 시댁이었다. 시어머니께 착한 월세를 드리면서 마음 편하게 머무를 집이 생긴 것이다. 하지만 아는 사람은 알 것이다. 집 문제, 돈 문제는 아무리 가족이라도 얽혀 있으면 좋을 게 하나도 없다는 사실을. 여하튼 그렇게 들어간 집도 층간 소음 문제로 오랫동안 살지 못했다. 1층을 찾아 전세로, 월세로, 다시 전세로…… 우리는 그렇게 결혼 후 10년 동안 집 없이 떠돌이 생활을 해야만 했다. 상대적 박탈감을 치유하지 못한 채로.

30년 대출 만기 아파트가
노후를 해결해줄까?

02

성공의 기준이 아파트에 사는 것?

어린 시절 우리 집은 주택이었다. 누가 어디에 사는지 물어보면 나는 항상 "주택에 살아요"라고 대답했다. 질문한 사람의 의도를 파악하지 못한 대답이란 걸 그땐 몰랐다.

어느 동네에 사는지는 내게 중요한 일이 아니었다. 어떤 형태의 집에 사는지가 중요했다. 집이라는 곳은 여름에는 덥고 겨울에는 추운 게 당연하다고 생각했다. 다른 사람들도 다들 그렇게 사는 줄 알았다.

옷을 몇 겹이나 껴입고 생활하던 어느 겨울날, 새해를 맞아 큰집에 갔다. 현관에 들어서자 후끈한 공기가 느껴졌다. 사촌오빠들은 반팔 옷을 입고 나와 인사를 했다.

겨울에 반팔 옷을 입어도 춥지 않은 아파트. 그 시절 내가 생각한 성공한 사람의 기준은 아파트에 사는 사람이었다. 가로등이 없는 좁은 골목길을 불안해하며 걷지 않아도 되고, 지긋지긋한 바퀴벌레와도 이별할 수 있는 안전과 청결이 보장된 곳에서 사는 것. 누군가는 당연히 누리는 것이 나에게는 절실한 것이었다.

스물넷, 아파트 주민이 되었다

스물넷 여름, 우리 가족은 드디어 아파트로 이사 가게 되었다. 아침저녁으로 뜨거운 물로 샤워하는 삶을 누릴 수 있게 된 것이다. "어디에 살아요?"라고 누군가가 물으면, 이제 "○○동 ○○아파트에 살아요"라고 대답할 수 있게 되었다.

살고 싶은 집에 사는 건 분명 축복과도 같은 일이다. 사는 공간에서 얻는 만족감은 삶의 여유와 안정감을 느끼게 해준다. 살고 싶은 집이 이왕이면 내 집이면 얼마나 좋을까? 하지만 현실은 달랐다. 살고 싶은 집과 소유할 수 있는 집의 차이는 너무나도 컸다.

결혼을 하고 아이를 낳고 이사를 다니면서 내 집 장만이라는 시급한 목표가 내 꿈을 지워버렸다. '어떤 사람이 되고 싶은가'에 대한 물음보다 '언제 집을 살 수 있을까?'란 생각들로 채워져버렸다.

레밍은 스칸디나비아반도에 사는 쥐다. 동화 〈피리 부는 사나이〉에서 피리 소리를 듣고 따라가다 물에 빠져 죽는 쥐가 나오는데 그 쥐가 레밍이다. 레밍 몇 마리가 무작정 뛰어가면 다른 레밍들은 이유도 모른 채 따라간다고 한다. 그렇게 수천 마리가 함께 뛰면 절벽이 있어도 멈출 수가 없기에 모두 아래로 떨어지게 된다.

다들 그렇듯 착실하게 돈을 모아 집 한 채, 차 한 대 사는 것이 인생의 목표인 양 살아가려 한 나는 레밍이었을까, 아니었을까? 꼭 내 집이 있어야 성실하게 살았다는 훈장을 받을 수 있는 걸까? 집은 그냥 집일 뿐인데, 집을 소유하고 싶은 마음과 집을 소유하게 되었을 때 발생하는 기회비용 사이에서 나의 고민은 계속되었다.

집을 사는 순간, 맞벌이는 필수?

이사를 결심하고 다시 집을 살까 말까 고민을 할 당시 아무리 계산기를 두드려도 답이 나오지 않았다. 대출이자와 고정적으로 빠져나가는 관리비, 보험료만 계산해도 월 200만원이 넘었다. 그사이 태어난 두 아들의 양육비까지 생각하면 맞벌이는 선택이 아닌 필수였다.

하교 시 교문 앞에서 기다리다가 아이가 어떤 표정으로 나오는지 체크하는 일, 놀이터에서 마실 물과 손수건을 들고 지켜봐주는 일, 제철 과일을 간식으로 챙겨주고 숙제를 봐주는 일, 사소하게 보이겠지만 나에게는 중요한 업무다. 섬세한 관찰력과 인내를 요구하는 일을 내가 아닌 다른 사람에게 맡기고 싶지 않았다.

내 삶의 가장 중심이 되는 업무를 뒤로하고 돈을 벌기 위해, 대출 이자를 갚기 위해 일을 하러 가야 하는 현실이 서글펐다. 게다가 대출 원금을 다 갚는 데 걸리는 시간이 무려 30년이었다. 좋다. 30년 기다려서 내 집이 생긴다고 하자. 30년 뒤 전 재산은 집 한 채, 그걸로 우리의 노후 준비가 가능할까? 아이들에게 짐이 되는 부모가 되는 건 아닐까? 물론 집값이 오르고, 적절히 갈아타기를 한다면 해결할 수 있는 문제였다. 하지만 그건 어디까지나 요행이나 도박처럼 보였다.

레밍이 될 수 없어. 다른 길로 가보자!

이렇듯 집을 샀을 때의 만족감보다 불안감이 더 컸기에 우리는 남들과 다른 길을 가보기로 했다. "살고 싶은 집에 한 번 살아보자. 그 집이 꼭 내 집일 필요는 없잖아. 집 없으면 뭐 어때."라고 서로를 다독이며 마음을 접었다.

그리고는 남들과 비교하지 않고 우리의 삶에 집중하기로 했다. 남들과 다른 기준을 가지고 시도를 해보는 것, 거기서부터 생각지도 못한 길이 열리고 그 길에서 수많은 기회가 주어진다는 것을 나는, 아니 우리 부부는 이미 경험하고 있다.

'삶의 주인으로 살고 싶다면 시선이란 감옥에서 일단 벗어나 보라'는 말처럼 남이 가는 길로 무작정 따라가기보다는 우리의 길이 맞는지, 또 다른 길은 없는지 항상 의심하며 살아보려 한다.

붕어빵 틀에 찍어낸 똑같은 붕어빵이 될 것인지, 쇳물을 녹여 원하는 틀을 마음껏 만드는 대장장이가 될 것인지는 우리가 선택할 수 있다. 이왕이면 나는 붕어빵보다 대장장이가 되어 남들이 덜 가는 길에서 재미를 발견해보려 한다.

인생은 누구에게나 늘 처음이자 마지막일 테니까.

03 벼락거지 불안감,
무엇이든 하자,
해보자!

어느 아파트에 사세요?

대출이 있는데 투자는 어떻게 하죠? l

둘째가 초등학교에 입학을 했다. 신학기 때는 아이 친구 엄마들과 마주칠 일이 많다. 그럴 때마다 스스럼없이 "어느 아파트에 사세요?"라는 질문을 주고받곤 한다.

내가 사는 집이 나의 경제력과 생활수준을 대변한다는 걸 이제는 나도 받아들였다. 그런데 여전히 'ㅇㅇ아파트에 전세로 살고 있어요'라고 솔직하게 말하기란 쉽지 않다. 괜히 분위기가 어색해지기 때문이다. 전세로 사는지 자가로 사는지가 서로 궁금할 테지만 교양 있는 사람이라면 보통 묻지 않고 참을 것이다.

물론 집값이 고공행진을 한 후 자신이 살고 있는 집이 '자가'라는 사실을 은연중에 밝히는 사람들도 있다. 그런 사람들 속에서 집 한 채 없는 사람들이 느끼는 상실감을 나는 누구보다 잘 알고 있다.

집과 차를 살 돈으로 주식투자를 한다고?

부동산 사이트에서 사악할 정도로 오른 집값을 확인할 때마다 불안감은 커져만 갔다. 이사 온 지 1년, 그동안 내가 사는 아파트의 전세는 2억원이 올랐고 매매는 3억원이 올랐다. 소위 말하는 벼락 거지가 되는 건 시간문제였다. 조급한 마음을 잠재우기 위해 나는 뭐라도 해야 했다.

평소 주식투자에 관심이 많았던 남편의 이야기가 귀에 들어왔다. 그러다 남편이 보내준 유튜브 영상 하나를 보았다. '집을 사지 마세요, 차가 왜 필요한가요? 집과 차를 살 돈으로 주식투자를 하세요.' 생각지도 못한 말이었다.

모두가 집을 사라고 외치는 와중에 집을 사지 말라니! 신선한 충격을 준 그 말이 당시 내게 위안이 되었다. 그 말을 한 사람은 유명한 금융인 '존리'였다. 그런데 그가 강조하는 주식투자가 과연 안전할까? 나는 의문이 들었다. 당시 '주식' 하면 부정적인 이미지만 떠올랐다. 주변에 주식투자로 성공한 사람은 한 명도 없었고, 아버지가 투자했던 대동은행 주식이 휴지 조각이 된 걸 직접 목격했기 때문이다. 그러니 냉정하게 생각해야 했다.

우선 집을 팔고 전세자금 대출을 받았기에 여유자금은 확보되어 있었다. 또한 당분간 집을 사지 않겠다고 남편과 합의도 한 상태였다. 계좌에서 돈이 녹아내리는 걸 막으려면 투자를 시작해야만 했다. 마음 편하게 최대한 안정적으로 투자할 수 있는 방법은 없을까? 남편이 혼자 하던 고민을 그때부터 나도 함께하기 시작했다. 매일 반찬 걱정과 아이들 숙제와 준비물 체크에 열을 올리던 나는 남편을 따라 투자 공부에 몰입했다. 눈앞에 놓인 걱정보다 10년 후, 20년 후의 미래를 대비하기 위해서다. 주변인들은 우리에게 이렇게 말했다. "집을 판 돈으로 주식을 하는 건 위험한 일이야."

맞는 말이다. 남편을 믿었지만 '10년 넘게 모은 전 재산이 한순간에 사라지는 건 아닐까?' 하는 불안한 마음도 컸다. 그렇기 때문에 우리는 치열하게 공부할 수밖에 없었다.

남편과 나는 책을 읽고 유튜브 영상을 찾아보고 서로의 생각을 의논하며 투자의 방향을 잡아나가기 시작했다. 마치 취업준비라도 하듯 그 시기 우리의 주된 관심은 오로지 '주식투자'였다.

전 재산을 건 투자, 주식과 미국 국채로 시작!

고민 끝에 우리는 주식과 미국 국채에 자산을 나눠 투자하기로 했다. 주식투자는 회사를 소유하는 일이기에 회사를 인수하는 심정으로 투자를 결정했다. 그 회사의 미래와 함께하는 일, 위험부담은 있으나 그만큼 탄탄한 회사를 고른다면 해볼 만한 일이라 생각했다.

물론 주식은 안전자산이 아니다. 하지만 주주가 되면 기업의 성과를 나눠주는 '배당'을 받을 수 있기에 어느 정도의 위험 방어는 가능하다고 생각했다.

투자 공부를 하면서 나는 '채권'이란 단어를 처음 접하게 되었다. 채권이란 쉽게 말해 일정 기간 동안 돈을 빌려주면 약속한 이자를 지급한다는 증서다. 채권은 국가에서 발행하는 국채, 지방정부 및 공공기관에서 발행하는 지방채, 기업에서 발행하는 회사채 등으로 나눌 수 있다.

미국 국채는 국가에서 보증하는 채권인 만큼 미국이 망하지 않는 한 위험이 거의 없는 안전자산이다. 하지만 국채는 원금이 보장되는 안정적인 투자 상품인 만큼 높은 수익을 얻기에는 한계가 있다.

우리 부부의 목표는 '잃지 않는 투자'를 하는 것이었기에 포트폴리오 안에 미국 국채를 일부 가져가기로 했다. 먼저 주식에 70%, 미국 국채에 30% 비율로 투자하기로 했다. 수익률을 높이고 싶다면 채권의 비중을 낮추고, 안정적인 투자를 하고 싶다면 채권의 비중을 더 높이는 방식으로 추후 경제 상황을 고려해 비율을 수정하기로 했다.

남편과 투자에 대한 대화가 늘어갈수록 내 안에 자리 잡았던 막연한 불안감은 서서히 사라지기 시작했다. '경제적 자유'라는 대륙을 발견하기 위해 함께 투자의 바다로 항해를 시작했기 때문이다. 여러 시행착오 끝에 노 젓는 방향을 맞추고 비로소 속력이 붙기 시작했다. 이 정도 속력이면 아마도 우리는 5년 이내에 원하는 대륙을 발견할 수 있지 않을까?

강남 아파트는 못 사도 세계 1등 회사는 살 수 있잖아!

04

부동산 박탈감, 그래도 놓지 말아야 할 것?

'연예인 ○○씨, 강남 고급 빌라 130억에 매입' 경제신문에서 이제는 그만 봤으면 하는 헤드라인이다. 연예인이 집을 사고파는 소식을 궁금해하는 사람이 얼마나 있을까? 왜 우리는 그들이 얼마짜리 집에 사는지 알아야 하나?

지난 40년간 서울 강남 아파트의 매매가는 약 84배, 전세가는 101배 상승했다. 40년 동안 커피 한 잔 값이 20배 오른 것도 놀라운데, 강남 아파트의 가격은 80배나 뛰었다니 놀라운 사실이다.

강남 아파트도 아닌데 덩달아 오른 집값은 내릴 기미가 안 보인다. 정부는 주택담보대출을 규제하고 임대차 3법을 시행하며 집값을 잡으려 했지만, 무주택자들의 불안한 마음은 역시나 달래지 못했다. 번듯한 내 집 마련의 꿈은 결국 희망 고문이 되어버렸다. 그럼 우리에게 희망은 영원히 없는 걸까?

	Lux	의식수준	감정	행동
POWER 긍정적 의식 에너지 ↑	700~1,000	깨달음	언어이전	순수의식
	600	평화	하나	인류공헌
	540	기쁨	감사	축복
	500	사랑	존경	공존
	400	이성	이해	통찰력
	350	포용	책임감	용서
	310	자립성	낙관	친절
	250	중립	신뢰	유연함
	200	용기	긍정	힘을 주는
FORCE 부정적 의식 에너지 ↓	175	자존심	경멸	과장
	150	분노	미움	공격
	125	욕망	갈망	집착
	100	두려움	근심	회피
	75	슬픔	후회	낙담
	50	무기력	절망	포기
	30	죄의식	비난	학대
	20	수치심	굴욕	잔인함

출처: 데이비드 호킨스, 《의식혁명》

새로운 시도 앞에서 펼쳐보는 의식지도

남들이 부러워하는 역세권, 초우량 학군의 신축 아파트를 못 가졌다 하더라도 놓지 말아야 할 끈이 있다. 바로 희망을 품을 수 있는 '용기'이다. 뜬금없는 이야기처럼 들리겠지만, 무언가 새로운 시도를 해야만 할 때 나는 데이비드 호킨스 박사의 의식지도를 항상 생각한다.

부정적인 의식과 긍정적인 의식의 경계에는 용기라는 허들이 존재할 뿐, 용기를 가지고 공부와 투자를 시작했다면 자신의 내면을 긍정의 에너지로 채우는 일만 하면 된다. 늦었다 생각 말고, 희망의 끈을 부여잡고 투자를 시작한다면 얼마든지 미래를 바꿀 수 있다. 그동안의 나를 따라다녔던 부정론자의 탈을 벗어던지고 우선 긍정의 아이콘, 낙관론자가 되어보는 건 어떨까?

자본주의 시스템을 긍정적으로 바라볼 용기가 생겼다면, 담대하게 투자를 이어나가면 된다. 내면의 의식이 긍정으로 돌아서면 투자를 할 때 필요한 사고의 유연함과 통찰력을 자연스럽게 기를 수 있다. 몸과 마음이 건강한 채로 투자를 지속할 수 있는 힘은 '긍정'에서 비롯된다는 사실을 잊지 말자.

강남 아파트처럼 80배 오를 기업을 찾아서

넘사벽이 되어버린 강남 아파트는 머릿속에서 지워버리자. 대신 강남 아파트처럼 앞으로 80배 오를 기업을 찾아보는 건 어떨까? 투자를 1~2년 하고 그만둘 것이라면 사실 찾기가 힘들 수 있다. 하지만 이왕 용기 내서 시작한 투자라면 10년, 20년 후를 바라보며 했으면 한다. 투자의 장기적인 목표를 세우고 실행하면서 그사이 내 집 마련의 기회를 잡으면 된다.

그럼 어떤 회사에 투자를 해야 할까? 강남 아파트만큼이나 매력적인 회사, 내가 취업하고 싶은 회사, 내가 인수하고 싶은 회사에 투자하면 된다. 그러한 회사에 투자해서 수익을 얻는다면 집값이 고공행진을 해도 배가 덜 아프지 않을까?

대부분의 사람들이 투자하고 싶은 기업은 세계에서 제일 잘나가는 회사일 것이다. 한국 기업 중 세계 최고 기업이라 할 수 있는 회사가 있을까? 단연 삼성이 먼저 떠오른다. 우리나라 주식시장(한국거래소)에 상장된 기업들의 총 시가총액은 약 2,600조인데, 이 중 삼성의 시가총액은 약 500조(2021.11.기준)다. 국내 주식시장의 1/5이 삼성의 돈인 것이다. 이렇듯 삼성이 국내 주식시장에 미치는 영향력은 무시할 수 없다. 그럼 미국의 삼성인 애플의 시가총액은 얼마나 될까? 약 2,600조(2021.11.기준)다. 애플의 규모는 삼성의 5배, 그러니까 우리나라 대부분의 기업을 살 수 있을 정도다.

세계 시가 총액 순위 10위 중 7곳이 미국 기업?

세계에서 가장 돈이 많은 기업은 어떤 기업일까? 세계 시가총액 순위 10위를 살펴보면 그중에 7곳이 미국 기업이다. 플랫폼, 클라우드, 인공지능, 자율주행 등 대부분 4차 산업혁명 관련 기술력을 갖춘 기업들이다.

그러면 세계를 주도하는 이러한 회사를 사는 데 돈은 얼마나 필요할까? 이해하기 쉽게 1주당 가격으로 비교해보면 애플은 약 19만 원, 마이크로소프트는 약 40만 원, 아마존은 약 437만 원이다. (2021.11. 기준) 아마존의 1주당 가격이 조금 비싸긴 하지만, 강남 아파트 가격과는 비교할 수 없다. 게다가 미국 주식시장은 우리와 달리 주주 친화적인 배당 문화를 가지고 있어 많은 기업들이 1년에 4번의 배당을 지급하고, 배당 수익률 또한 높은 편이다. 회사 규모나 앞으로의 발전 가능성, 그리고 배당을 고려해보니 우리에게도 희망이 보였다. 자본주의 시스템에 제대로 올라 타보기로 결심한 우리 부부는 미국 주식에 투자하기로 했다.

1	Apple AAPL	$2.358 T	$142.65	0.81%
2	Microsoft MSFT			
3	Saudi Aramco 2222.SR	$1.923 T		
4	G Alphabet (Google) GOOG	$1.820 T	$2,729	2.40%
5	a Amazon AMZN	$1.662 T	$3,283	-0.05%
6	Facebook FB	$967.09 B	$343.01	1.07%
7	T Tesla TSLA	$776.59 B	$775.22	-0.03%
8	B Berkshire Hathaway BRK.A	$624.08 B	$414,878	0.85%
9	TSMC TSM	$578.55 B	$111.56	-0.08%
10	Tencent TCEHY	$568.56 B	$58.82	-1.59%

삼성보다 5배 몸집이 큰 애플 주식

세계 시가 총액 순위 10대 기업, 미국 기업이 7개
(출처 : companiesmarketcap.com)

05 낭만주의 문과생 엄마도 시작한 경제 공부

고객님, 직업이 무엇인가요?

백화점 신용카드가 필요해서 발급받으러 간 적이 있다. "직업은 무엇인가요?" 상담원이 물었다. 나는 잠시 주춤거리다 대답했다. "무⋯⋯직이요. 아니, 전업주부예요." "그럼 사시는 곳은 자가이신가요? 전세 또는 월세이신가요?" 두 번째 질문에도 나는 숨이 턱 막혀왔다.

나의 신용을 평가하는 기준이 직장 다음으로 사는 집이 될 줄이야. 결혼을 하고 전업주부로 사는 동안 남편과 아이의 뒷모습만 바라보느라 정작 나의 미래는 생각할 겨를이 없었다. 그런데 '무직'이란 말을 뱉고 나자 순간 정신이 번쩍 들었다. 자괴감이 밀려오더니 어떻게든 무직, 전업주부라는 꼬리표를 떼어내고 싶어졌다. 나는 불안하고 답답한 마음을 털어놓을 곳이 절실히 필요했다.

블로그에서 돈 공부를 선언하다

그러다 우연히 신혼집 인테리어 사진을 올려 둔 채 방치하고 있던 블로그가 생각났다. 10년 만에 다시 시작한 블로그는 나의 일기장이 되었다.

평소 신문의 경제면은 펼쳐 본 적이 없던 나는 경제 공부를 어떻게 시작해야 할지 전혀 감이 오지 않았다. 막막한 마음에 일단 '돈 공부, 이제부터 제대로 해보겠습니다'란 글을 블로그에 써놓았다. 그렇게 선언하고 나니 '돈'에 대한 나의 생각이 꼬리를 물며 깊어져 갔다. 책을 읽고 돈에 대한 생각을 글로 남기면서 돈에 대한 나의 솔직한 마음을 들여다보게 되었다.

사실 나에게 돈은 불편한 것이었다. 속물처럼 보이기 싫었고, 계산적인 사람으로 보이기 싫어 돈 욕심이 없는 척 살았다. 돈을 밝히고, 돈 이야기만 하는 사람들을 남모르게 무시하기도 하면서 말이다. 그런데 돈만 보며 살아가는 인생이 너무 아까웠음에도, 경제적 자유를 위한 노력은 하나도 하고 있지 않았다. 돈에 대해 솔직하지 못했던 나를 인정하고 나니, 돈 공부를 제대로 해야겠다는 마음이 생겼다.

그때부터 경제뉴스와 유튜브 영상을 보며 알게 된 정보를 블로그에 차곡차곡 기록하기 시작했다. 처음에는 경제뉴스에서 자주 언급되는 어려운 용어들의 뜻을 정리해 나갔고, 그 용어들이 들어가 있는 신문기사들을 검색해서 몇 번씩 읽어보기도 했다. 관심이 없던 분야의 글을 읽어내는 일은 쉽지 않았다. 더구나 문과생 DNA를 가진 나는 그래프와 차트, 복잡한 수치를 접할 때마다 한숨이 끊이지 않았다. 그래서 생각을 바꾸기로 했다.

'나는 경제학자도 아니고 애널리스트도 아니다. 기사와 뉴스의 내용을 100% 이해하려 하지 말자.' 이렇게 생각하니 한결 마음이 편해졌다. 내가 이해한 범위 내에서 주식과 경제에 대한 정보를 최대

모르면 모르는 대로 아는 만큼만 기록하자며 시작한 블로그

한 쉽게 요약해서 블로그에 포스팅했다. '어려운 내용을 이해하기 쉽게 써줘서 도움이 되었다'라는 댓글에 감동과 보람을 느끼기도 했다.

살고 싶은 인생을 선택하기 위해 시작한 공부

'돈'을 좇으며 살기에는 주어진 인생이 아까웠다. 돈이 나를 좇아오길 바랐고, 사는 대로 살아지는 인생보다 내가 살고 싶은 인생을 선택해 살아보고 싶었다. 그러기 위해서는 충분한 '돈'이 필요했다. 세상의 돈이 어떻게 돌고 도는지 공부를 시작하면서 막연한 나의 미래에도 '희망'이 보였다. 물론 경제 공부를 한다고 당장 부자가 되는 것은 아니다. 하지만 경제 공부를 하지 않았다면 난 여전히 돈에 대해 냉소적이었을 것이고 미래에 대해 부정적이었을 것이다. 또한 위험을 감수하며 투자를 지속할 수 있는 용기도 없었을 것이다. 존리의 책《존리의 금융문맹 탈출》에 섬뜩한 문구가 나온다.

'한 사람의 잘못된 금융 지식과 습관은 본인의 경제독립을 그르칠 뿐 아니라, 가족을 가난하게 만들고 후손들의 경제생활을 어렵게 하며, 사회를 힘들게 하고 궁극적으로 국가의 경쟁력을 약화시킨다.'

국가 발전에 이바지할 거창한 목표는 아니더라도 최소한 나와 가족을 위해 제대로 된 금융지식을 가져야 한다. 그래야 나에게 찾아온 것이 기회인지 덫인지 명확하게 구분하고, 위험을 피할 수 있기 때문이다. 주 5일, 하루 20분이면 미래를 준비할 수 있는 시간으로 충분하다. 가족을 위해 뉴스를 듣고 기사를 검색하는 것으로 하루를 시작해보는 건 어떨까?◆

◆ 엄마의 경제 공부법은 이 책 맨 뒤에 있는 <부록>을 참조하자.

블로그 글쓰기, 어쩌다 보니 투잡도 투자도 OK!

SNS 활동은 온라인 빌딩을 짓는 일

투자를 시작하면서 생활비를 절약해 남은 돈
으로 매월 주식을 샀습니다. 하지만 열심히
절약해봤자 매월 20만원이 최대 금액이었기
에 '부업'으로 할 수 있는 일을 찾기 시작했어

요. 블로그에 콘텐츠가 하나씩 쌓이니 어느덧 네이버 경제인플루언서가 되어 광고
수익을 얻을 수 있게 되었어요. 또한 출판사의 도서협찬도 수시로 받게 되었고요.
비록 얼마 안 되는 금액이지만 루틴으로 자리 잡은 일이 수익이 된다는 사실이 기뻤
어요. 그리고 온라인 어린이 교육 플랫폼 '꾸그'에서 강의 제안을 받아 어린이 경제
교육 강사란 직업도 갖게 되었어요. 살림과 육아에 방해되지 않는 '부업'을 찾던 저
에게 안성맞춤인 기회였습니다.

블로그로 시작한 SNS 활동이 유튜브와 인스타로 이어지면서 관심사가 비슷한 사
람들과 활발한 교류를 할 수 있었어요. 이렇게 나만의 온라인 빌딩을 세우면 월세와
좋은 인연, 예상치 못한 기회까지 찾아옵니다. 자신의 성장은 물론, 부수입까지 생
기는 일이니 추천을 안 할 수가 없어요. 어서 잠자는 블로그를 깨워주세요!

'꾸그'에서 시작한 어린이 경제교육 강의

06 부부 재테크 유튜버 '알고TV' 채널 개국!

기저귀를 최저가로 사는 게 엄마의 경쟁력?

한창 남편이 주식 공부에 열을 올리고 있을 때였다. "유튜브 나도 한번 해볼까?" 남편은 퇴직 후 로망이라며 나에게 우스갯소리로 말하곤 했다. "네, 하고 싶으면 해보세요. 유튜브는 아무나 해?" 나는 그 말을 들을 때마다 속으로 비아냥거리곤 했다. 5년 후 벌어질 일은 예상하지 못한 채 말도 안 되는 소리를 한다고 생각했다.

남편이 하는 주식, 재테크, 투자 이야기가 신물이 날 정도로 지겨웠다. 물론 처음부터 그랬던 건 아니었다. 기본적인 경제상식을 갖추고 세상이 어떻게 변하고 있는지 아는 것도 필요하다고 생각했다. 하지만 나에게 당장 급한 일은 물티슈와 기저귀를 최저가로 사는 일이었다. 그것이 내가 가진 경쟁력이라 생각했기 때문이다.

남편이 화장실과 차에서 수시로 보는 유튜브 주식 영상은 여전히 나에게는 소음일 뿐이었고, 돈 이야기만 하는 남편 앞에서 마음 편하게 옷 하나 사 입기도 눈치가 보였다.

나의 바람은 시시콜콜한 수다를 떨며 하루의 스트레스를 푸는 소소한 것이었다. 하지만 그는 아이들의 학교생활, 교육문제, 동네 친구 엄마들 이야기에는 관심이 없었다. 영혼 없이 주고받는 대화는 당연히 즐겁지 않았고 우리는 각자의 시간을 보내는 것이 더 편한 사이가 되었다.

블로거와 유튜버가 된 이유는……

주부, 아내, 엄마로서의 삶은 무료하기만 했고 날마다 무섭게 오르는 집값에 불안감은 커져만 갔다. 게다가 불현듯 찾아온 코로나로 세상과 단절된 시간을 어떻게든 버텨야 했다. 답답한 마음에 시작한 블로그에 묵은 감정을 글로 써 내려갔다. 블로그의 세계는 생각보다 따뜻했다. 사소한 나의 이야기에도 이웃들은 위로와 공감을 해줬다. 허했던 마음이 채워지자 한층 너그러워졌고, 덕분에 새로운 일을 시작할 의욕도 생겼다.

돈 공부를 제대로 해보겠다고 블로그에 선언하고 평소 미루기만 했던 경제 공부를 본격적으로 시작했다. 남편이 하는 재테크 이야기에 더 이상 심드렁하게 반응하지 않았다. 경제 공부를 하다 궁금한 것이 생기면 남편에게 질문을 했고 성심성의껏 대답하는 남편의 지적인 모습에 가끔 설레기도 했다. 그러다 어느 날 퇴직 후 유튜버가 되고 싶다던 남편의 말이 머릿속에서 떠올랐다. 유튜브 채널 '삼프로TV'의 애독자인 남편의 버킷 리스트를 이뤄주고 싶었다. '나와 함께한다면 지금 시작해도 되지 않을까?'라는 생각이 불현듯 들었다. 인구 대비 유튜버 수 세계 1위인 우리나라에서 유튜버는 더 이상 특별한 사람들만의 직업이 아니었다.

나는 관련 강좌를 등록하고 2달간 열심히 유튜버가 되기 위한 공부를 했다. 2020년 8월, 우리는 '알고TV' 채널을 개설하고, 재테크에 관한 진솔한 이야기를 전하는 부부 유튜버가 되었다.

영상을 만드는 일도 장기적으로 지속한다면 주식처럼 복리 효과를 누릴 수 있을 거라 믿었기에 조급해하지 않기로 했다. 부부 유튜버가 된 지 어느덧 1년이 지났고 그동안 100개가 넘는 영상이 쌓였다. 남편의 로망이 없었다면 아마 불가능한 일이었을 것이다.

20년 후 엄마, 아빠의 동영상을 본다면 어떤 기분일까?

매주 금요일 밤이면 우리는 진지하게 영상 기획 회의를 한다. 어떤 주제로 찍을지, 어떤 질문을 주고받을지 시나리오를 짜다 티격

태격하기도 한다. 엄마 아빠가 이렇게 열심히 살았다고 생색내며 행복하게 늙어가는 모습을 보여주고 싶다. 그리고 새로운 일을 시작할 때 주저하지 않고 도전했기에 후회 없는 인생을 살았다고 말해주고도 싶다. 다 자란 아이들을 앞에서 '다음 주 영상은 어떤 걸 찍을까?'를 여전히 고민하는 노후를 보내다 보면, 실버버튼 하나 정도는 벽에 걸려 있지 않을까?

유튜브 채널도 재테크가 된다?

요즘 '유튜버, 나도 한번 시작해볼까?'라고 생각하는 분들이 많은데요, 자신이 전하고픈 메시지를 영상으로 담아내는 일, 너무나 매력적인 작업입니다. 유튜브 시작을 망설이는 분이 계신가요? 유튜브를 하고 싶은 이유가 분명하고, 누구를 위해 어떤 이야기를 하고 싶은지 정했다면 저는 그걸로 충분하다고 생각해요.

알고TV에서는 알고 보면 쉬운 '주식투자, 누구나 시작할 수 있다' '장기투자 하면 경제적 자유를 누릴 수 있다'라는 메시지를 저희 방식으로 담고 싶었어요. 영상을 기획하고 편집하는 일은 책을 쓰는 일과 비슷한 부분이 많아요. 어떤 독자들을 대상으로 무슨 이야기를 할 건지 정해야 목차를 쓰고 글을 쓸 수 있는 것처럼요.

많이들 걱정하시는 촬영 장비, 영상편집 기술이 중요한 게 아닙니다. 저는 마이크와 조명 없이 휴대폰과 삼각대 하나로 영상을 찍고 있어요. 세련된 영상보다 경험을 통해 알게 된 정보와 진실한 나만의 이야기가 유튜브 세상에서 더 통한다는 걸 알고 있기 때문이죠. 그러니 자신만의 경험을 블로그에 대본처럼 쓴 후, 그대로 영상으로 만들어보세요. 이 또한 아주 좋은 재테크 방법이니까요. 언제 어떻게 그 이야기들이 상한가를 칠지는 아무도 모릅니다. 경험과 기회에도 복리의 법칙이 적용된다는 사실을 잊지 마세요. 거기에 '꾸준함'이 더해지면 수익률 100%는 이미 보장입니다.

둘째마당

아들, 학원비 줄인 돈으로
주주가 되어볼까?

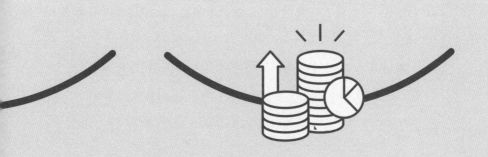

07 모든 아이들은 부자가 되고 싶어 한다

돈에서 자유롭기 위해 돈 공부가 필요해

초등학생을 대상으로 경제교육을 진행했을 때, 아이들의 꿈이 무엇인지 물어본 적이 있다. "축구선수요!" "과학자요!" 몇몇 아이들만 똑 부러지게 대답했다. 아이들 대부분은 "아직 꿈이 뭔지 모르겠어요……"라며 우물쭈물거렸다. "그럼 부자가 되고 싶은 친구, 손 들어볼까?"

한 치의 망설임도 없이 아이들이 손을 들었다. 아이들은 자신이 무엇을 하고 싶은지는 아직 잘 모르지만, 부자가 되고 싶다는 사실은 분명했다.

'왜 부자가 되고 싶을까?' '어떻게 하면 부자가 될 수 있을까?' '돈이 얼마나 있어야 부자일까?' 나의 연이은 질문에 대한 아이들의 대답은 생각보다 평범했다. 아이들은 사고 싶은 걸 마음껏 사기 위해 부자가 되길 원했다. 그리고 열심히 공부해서 대기업에 취직하면 10억 원 또는 100억 원을 버는 부자가 될 수 있다고도 말했다. 아이들의 해맑은 얼굴을 보며 나는 '크고 좋은 회사에 취직해도 부자가 되기 힘든 세상이야'라고 차마 이야기해줄 수 없었다.

우리가 살아가고 있는 시대는 자본주의 시대다. 자본주의의 사회학적 의미는, 생산 수단을 사적으로 소유할 수 있는 경제체제이다. 생산 수단을 가진 자가 이윤을 창출하고 자본(돈)을 축적하는 사회 시스템인 것이다. 냉혹한 말이지만 자본주의 시대에서는 돈이 있어야 내가 사랑하는 사람들을 지키고, 남이 어려울 때 도울 수 있고, 나 또한 신세를 지지 않고 살아갈 수 있다. 그러므로 돈 공부는 돈으로부터 자유롭기 위해 반드시 필요하다.

입시 교육에서 진짜 경제교육은 기대하기 힘들다

학교에서 제대로 된 경제교육을 받지 않고 그저 공부만 하며 자란 청년들은 현재 'N포세대'가 되어 있다. 그들에게 연애, 결혼, 출산, 내 집 마련의 꿈은 헛된 욕심일 뿐이다. 성취보다 포기가 익숙한 그들의 경제적 자립의 꿈은 그저 멀기만 한 것일까?

미국과 영국 등 일부 선진국에서는 초등학교 때부터 경제와 금융에 대한 교육을 체계적으로 실시하고 있다. 반면 우리나라에서의 경제교육은 맛보기 수준이다. 수능 위주의 교육시스템에서 '경제' 교과는 인기가 없어진 지 오래다. 응시율이 낮다는 이유로 사회탐구 과목의 일반선택 중 '경제'가 제외되기도 했다.

하지만 2021 수능 언어영역 지문에서 '금 본위 제도'[*]와 '브레턴우즈 체제'[**]에 대한 내용이 나왔다. 경제 과목에서 다룰 법한 내용이 단순히 수능점수의 변별력을 위한 지문으로 사용된 것이다.

초중고 학생들을 대상으로 한 경제 이해력 조사(한국개발연구원 KDI, 2020) 결과를 봐도 마찬가지다. 학생들의 경제 이해력 수준은 초등학생이 58.09점으로 가장 높았고, 고등학생은 51.74점, 중학생은 49.84점의 평균점수를 보였다. 20대의 재테크 열풍에 반해 미래의 젊은 세대인 초중고 학생들의 경제 이해력은 터무니없이 낮은 수준에 머무르고 있다.

경제교육은 공교육을 통해 평등하게 이루어져야 한다. 공교육 시스템에서 경제와 금융교육을 제대로 해준다면 떨어진 공교육의 위상을 세울 수 있을뿐더러 과열된 입시 경쟁 문화도 해소할 수 있지 않을까?

---

[*] **금 본위 제도** : 일정량의 금의 가치를 기준으로 단위 화폐의 가치를 재는 화폐 제도.
[**] **브레턴우즈 체제** : 1944년 미국 뉴햄프셔주의 브레턴우즈에서 열린 44개국 연합 회의에서 탄생한 국제 통화제도로 미국 달러화를 중심으로 한 고정환율제의 도입이 핵심이 되었다.

어릴 때 경제 공부는 유대인처럼

우리나라 청년들과 달리 유대인 청년들은 거대 기업을 소유하고 있는 경우가 많다. 실제로 나스닥에 상장된 기업의 40% 정도를 유대인 청년들이 소유하고 있고, 애플의 스티브 잡스, 구글의 세르게이 브린, 페이스북의 마크 저커버그 등 시가총액 상위 기업의 창업자들도 유대인이다. 도대체 그들은 우리와 무엇이 다를까?

역사 기록을 살펴보면 유대인들은 일찍부터 '부'를 축적하는 시스템에 주목했다. 소금 상권을 장악하고 잇달아 무역업과 금융업을 발전시키며 1602년에는 근대적 의미의 첫 '주식회사'인 네덜란드 동인도회사를 설립했다.

'소금'이 그 당시 돈을 만들어내는 생산 수단이었다면 지금 우리가 살고 있는 자본주의 시대의 생산 수단은 무엇일까? 바로 '주식'이다. 주주가 되면 내가 그 회사를 위해 일하지 않아도 회사의 이익을 나누어 가질 수 있다. 즉 돈이 돈을 벌어오는 시스템이 구축된다. 빌 게이츠도 돈이 많아서 부자가 된 것이 아니다. 마이크로소프트라는 회사를 설립하고 그 회사의 주식을 가장 많이 갖게 되어 부자가 된 것이다.

또한 유대인 가정의 자녀들은 성인식 때 축하금으로 약 6,000만원을 받는다. 13살의 어린 나이에 시드머니 6,000만원으로 일찍이 투자의 세계로 뛰어드는 것이다. 이처럼 유대인들은 어릴 때부터 가정에서 생산 수단을 가진 자본가가 되기 위한 준비와 훈련을 시작한다.

생산 수단을 소유한 자본가는 시간에 구애받지 않고 돈을 만들어내는 시스템을 가지고 있다. 아무리 많은 돈을 가지고 있을지라도 이러한 시스템이 없으면 자본가가 아니다. 시간을 투자해 일에 매여 있어야 하는 직장인일 뿐이다.

OECD 국가 중 성인의 금융 이해도 부문에서 우리나라는 평균 이하라고 한다. 로또 1등 당첨자들이 수십억이 생겨도 예전보다 못한 삶을 살아가는 이유는 금융에 대한 이해가 부족하기 때문이다. 금융지식이 없는 사람은 아무리 큰돈을 갖게 되어도 제대로 쓰고 굴릴 줄 모른다. 돈 공부를 제대로 하지 않은 일명 '금융 문맹'인 부모가 아이를 양육한다면, 글을 몰라서 못 가르치는 것과 별반 다르지 않다. 돈과 투자에 대해 무지한 금융 문맹을 물려주지 않으려면 우선 가족문화를 바꿔야 한다. 함께 돈 공부를 하는 가족문화, 가족의 공동 목표를 정하고 함께 자산관리를 시작하는 문화, 가족 모두가 자본가가 되는 문화로 말이다.

아이들은 부모가 가르친 것을 배우는 것이 아니라, 부모가 행하는 것을 배운다. 갈수록 각박해지는 자본주의 시대. 내 자녀가 자본가로 성장하길 바란다면 부모가 먼저 돈을 배우고 성장하는 과정을 즐겨보자.

아이들과 솔직하게
돈 이야기를 트는 법

08

엄마, 주식이 뭐야? 어떻게 사?

자녀 경제교육을 위한 기본기 l

남편과 나는 이제 동업자가 되었다. 유튜브를 시작하면서 우리 부부의 대화는 주식투자 이야기로 채워졌다. 한창 호기심이 많은 10살, 첫째 아들이 우리의 대화에 매번 끼어든다.

주식이 뭐예요? 회사를 어떻게 팔아요?

주식은 어디서 살 수 있어요? 나도 그럼 살 수 있는 거예요?

끊임없는 질문세례에 남편과 나는 대답하기 바쁘다. 어른이나 아이나 돈을 좋아하는 건 비슷하지만 아이 앞에서 돈 이야기를 편하게 하기란 쉽지 않다. 하지만 아이도 가족 구성원 중 한 명으로 가정의 경제 상황에 대해 어느 정도는 알고 있어야 한다고 생각했다. 아이의 눈높이에 맞추어 최대한 쉽게 우리 가정의 경제 상황에 대해 알려주었다. '엄마와 아빠는 그동안 모은 돈으로 주식투자를 시작했어. 그 돈은 아빠, 엄마가 열심히 일해서 산 집을 팔아서 모은 돈이야. 지금 살고 있는 집은 약속한 기간 동안 빌린 집이니 되도록 깨끗이 사용해야 해.'

첫째 아이가 유치원을 다닐 때 일이다. 어느 날 아이가 진지한 얼굴로 물었다.

 엄마 우리 차는 얼마짜리예요? 비싼 거예요?

그게 왜 궁금한데?

 ○○이가 자기네 차는 비싼 차라고 자랑했단 말이예요.

우리 차도 비싼 차였으면 하는 바람이 아이 얼굴에 보였다. 그에 나는 조심스레 답을 해주었다.

우리 차는 비싸지도 싸지도 않은 중간이야.

아이는 금세 아쉽다는 표정을 지었다.

비싼 차를 탄다고 해서 다 부자는 아니야. 자랑하려고 비싼 물건을 사다 보면, 정작 필요할 때 쓸 돈이 없을 수도 있어. 돈은 아껴 쓰는 게 좋은 거야.

아이 눈치를 보며 구구절절 설명했다. 그러고도 왠지 모르게 마음이 씁쓸해지는 건 어쩔 수 없었다. 틀린 말은 아니었지만, 굳이 비싼 차와 부자, 과소비를 연결 지어 말할 필요가 있었을까? 그냥 솔직하게 우리 상황만 말해줘도 됐을 텐데 말이다. 어려서부터 '돈을 밝히면 안 된다, 절약해야 잘산다, 과소비는 나쁜 거다'라고 세뇌당한 나 역시 은연중에 돈에 대해 부정적인 이미지를 아들에게 심어주었던 것이다.

물론 지금의 나라면 이렇게 대답했을 것이다.

엄마와 아빠 기준에는 우리 차도 충분히 비싸고 좋은 차야. 사람마다 돈을 쓰는 기준이 달라.
좋은 차와 집을 사는 데 돈을 쓸 수도 있고, 새로운 걸 배우거나 남을 도와주기 위해서 돈을 쓸 수도 있어. 부자 중에는 저렴한 차를 오래 타는 사람도 있어. 비싼 차를 탄다고 해서 다 부자는 아니라는 이야기야. 엄마는 차를 사는 데 돈을 많이 쓰는 것보다 차라리 그 돈으로 우리 아들이랑 여기저기 여행 다니는 게 더 좋아.

아이들에게 카카오와 테슬라 주식을 사주던 날

주식투자를 시작하면서 집안일을 할 때 경제뉴스를 틀어놓는 습관이 생겼다. 첫째 아이는 뉴스에 자주 나오는 회사를 궁금해했고 밥을 먹다가도 우리 가족은 수시로 주식 이야기를 하곤 했다.

몇 년 전 아이들과 백화점을 갔을 때다. 카카오프렌즈샵 매장이 오픈해서 구경하러 갔는데 한참 동안 그곳에서 헤어나올 수가 없었다. 신기하고 다양한 상품들을 구경하느라 시간 가는 줄 몰랐기 때문이다. 카카오 캐릭터가 그려져 있어 가격대가 있는 편이었지만 사람들이 줄을 서서 계산하는 것을 보고는 카카오 회사에 투자하기로 결정했다.

아이들에게도 카카오 회사의 주식을 살 거라고 하니 돌아오는 답은 "오예!"였다. 평소 좋아하던 라이언 캐릭터 볼펜을 한 자루밖에 못 사서 실망한 기색이던 첫째의 얼굴이 밝아졌다.

3년 전 제주도 여행을 갔을 때다. 우리는 전기차를 렌트해서 3일간 여행을 했었다. 처음 타본 전기차는 승차감이 생각보다 좋았다. 그리고 제주도에는 전기차 충전소가 곳곳에 있어 충전 걱정 없이 마음껏 타고 다닐 수 있었다. 아이들은 아빠에게 세계에서 가장 유명한 전기차 회사가 어디인지 물어봤다. 그때 처음 '테슬라'라는 회사를 알게 되었다. 아이언맨의 실제 모델이 테슬라의 CEO '일론 머스크'라고 이야기하자 아이들은 그 사실에 놀라워했다. 그 당시 테슬라는 지금처럼 유명한 기업이 아니었다. 하지만 제주도에서 3일 간 타본 전기차의 만족감과 아이들의 전폭적인 지지로 우리는 테슬라 주주가 되었다.

좋아하는 회사의 주식을 갖는다는 것의 의미

내가 좋아하는 물건을 만드는 회사와 나의 롤 모델이 회장으로 있는 회사를 소유하는 일이 얼마나 설레는 일인지 아이들과 함께 알아가고 있다. 가정의 경제 상황을 투명하게 공개하지 않았더라면 과연 아이들과 함께 주식 이야기를 즐겨 할 수 있었을까?

삶의 90%가 돈과 관련이 있다고 한다. 돈을 밝히며 살아야 하는 세상에서 돈 이야기는 더 이상 어른들만의 이야기가 아니다. 미래를 상상하고 세상의 변화를 읽으면서 신나게 아이들과 돈 이야기를 해보자. 평소 접하는 모든 경험이 투자의 상상력으로 이어질 수 있다. 돈을 잘 버는 기업의 주인이 되어 기업과 함께 성장해간다면 우리의 아이들이 한국의 워런 버핏이 되지 못할 이유는 없다.

09 학원 줄인 돈으로
주주가 되어볼까?

부모의 불안감에 늘어만 가는 사교육비

초등 자녀를 둔 엄마들의 최대 관심사는 '교육'일 것이다. 나 역시 첫째 아이 입학 후 다닐 만한 학원을 수소문했었다. 주변 엄마들은 저학년 시기가 아니면 예체능 학원에 보낼 시간이 없다고 말했고, 학습지 교사들은 주요과목에 집중할 때라고 강조했다. "수학과 영어는 때를 놓치면 따라가기 힘들어요. 저학년부터 공부습관을 길러줘야 해요"라면서 말이다.

가족과 함께 충분한 시간을 보내며 다양한 경험을 해보는 것이 우선이라 생각한 나의 신념이 흔들리기 시작했다. 쫓기듯 불안한 마음에 학교 근처 영어학원에 상담 전화를 했다.

영어학원 수강료는 월 30만원 정도였고 그것도 대기가 많아서 당장 갈 수도 없었다. 비싼 영어학원을 보내는 집이 이렇게나 많다는 말인가! 정신을 가다듬고 계산기를 두드려보았다. 두 아이를 영어학원에 보낸다고 하면 월 60만원, 1년이면 720만원이 들었다. 영어학원 한 군데만 보내도 이 정도의 비용이 드는데, 수학과 예체능학원까지 보낸다고 생각하니 헉! 숨이 막혔다.

3년간 영어학원비가 2,160만원? 엄마표 영어 시작!

학원을 보내면 아이가 중간 이상의 성적을 유지할 수 있을 거라는 기대감과 부모로서의 역할을 충실히 했다는 안도감을 느낄 수 있다. 하지만 그것과 노후 자금을 맞바꿀 수 있을까? 중고등학생 자녀를 둔 지인들은 종종 이렇게 말한다. "노후 준비는 무슨! 애들 학원비가 장난이 아니야. 초등학생 때 들어가는 돈은 우스울 정도라고!" 그런 말을 들을 때마다 나는 행여나 '에듀푸어'◆가 될까 두려웠다.

'아이의 학업 성적이 나의 노후를 책임져줄 것인가?'란 질문에 대한 나의 대답은 'No!'였다. 물론 부모마다 자녀교육에 대한 철학이 다를 수 있다. 하지만 분명한 것은 아이의 미래만큼이나 부모의 노

◆ **에듀푸어** : 수입에 비해 과도하게 교육비를 지출해서 궁핍해지는 사람.

후도 중요하다는 사실이다. 아이의 미래에 걸림돌이 되지 않으려면 부모의 안정적인 노후 또한 중요하기 때문이다.

두 아이의 3년간 영어학원비를 계산해보니 2,160만원이었다. 나는 2,000만원을 번다고 생각하고, 두 아들과 함께 엄마표 영어를 진행했다. 다행히도 아이들이 잘 따라와준 덕분에 꾸준히 지속할 수 있었고, 3년 치 영어학원비를 절약할 수 있었다.

사교육비를 줄이고 주식을 선물했다

학원비를 아껴보려 시작한 엄마표 학습 덕분에 우리는 많은 것을 얻었다. 아이와 감정싸움을 하고 시행착오를 겪으며 포기하고 싶은 순간도 있었다. 하지만 집에서 부대끼며 함께 공부했기에 아이의 성향을 세세하게 살필 수 있었고, 아이에 대한 믿음도 두터워졌다.

절약한 사교육비로는 아이들과 장난감 고르듯 투자하고픈 회사를 골랐다. 식탁에서 또는 차 안에서 수시로 이야기했던 기업의 주식을 아이의 계좌에 담아줬다. 가끔씩 계좌를 확인하며 돈이 불어나가는 것도 함께 확인했다. 아이들은 자신이 투자한 회사의 성과를 지켜보며 뿌듯함을 느꼈다. 나 또한 두 아이 이름이 적힌 거래내역서를 우편함에서 꺼낼 때 종종 쾌감을 느끼곤 한다. 10년, 20년 동안 아이가 자라는 속도만큼 기업도 함께 커나갈 것이라 믿기 때문이다. 아이와 보낸 살가운 시간과 가족이 함께한 투자 경험은 머지않아 아이에게 큰 버팀목이 될 것이다. 그렇게 우리 가족 모두는 주주가 되었다.

주식투자와 엄마표 학습의 공통점 3가지

성공적인 투자를 한 자산가들 중 자식 농사도 잘 지은 분들이 많다고 합니다. 무슨 생뚱맞은 이야기인가 싶겠지만, 투자와 엄마표 학습은 생각보다 비슷한 점이 많아요.

1. '목표'가 있어야 한다

엄마표 학습을 할 때 명확한 목표가 있어야 해요. 내 아이의 수준을 냉정하게 파악하고 목표를 설정해야 하는데, 저는 유창한 발음으로 회화를 하고 에세이를 쓰는 것보다 아이가 원서를 읽으며 재미를 느끼고 그것이 취미가 되도록 하는 것이 목표였어요. 투자도 마찬가지로 자신만의 기준이 필요해요. 예를 들어 투자할 때 원하는 목표 수익률에 도달했으면 욕심 부리지 말고 분할 매도를 하는 것처럼요. 목표가 분명하면 마음 편한 장기투자를 자연스럽게 할 수가 있어요.

2. '꾸준히' 해야 한다

학원을 보내는 대신 집에서 영어 영상을 보고 몰입 듣기를 할 수 있도록 도와주는 것이 제가 할 수 있는 최선의 방법이라 생각했어요. 자신이 보고 싶고, 읽고 싶은 영상과 책을 선택하게 했고 하루에 1시간 이상을 투자하며 꾸준히 했어요. 그 결과 자막 없이 영화를 보고 제법 두꺼운 원서의 음원도 재미있게 듣게 되었어요. 마찬가지로 투자를 시작했다면 경제뉴스를 듣고 투자할 기업을 계속해서 공부해야 해요. 투자할 기업의 선택도 당연히 스스로 해야 하고 투자 자체에 재미도 느껴야 지속할 수 있겠죠. 뭐든지 '꾸준히'가 답입니다.

3. '믿음'과 '확신'이 있어야 한다

엄마표 학습을 하다 보면 '내 아이만 뒤처지는 게 아닐까?' 하는 불안감이 생기기도 하고, 어떻게든 공부를 덜 하려는 아이와 수시로 부딪치곤 합니다. 내 아이를 포기하지 않고 끝까지 믿고 기다려주는 일은 엄마만이 할 수 있어요. 아이의 성장을 기다리듯이 주식투자에 있어서도 내가 선택한 기업의 성장을 믿고 기다려보는 건 어떨까요? 본인만의 확고한 교육철학과 투자철학이 있다면 엄마표 학습이든 주식투자든 포기하지 않고 여유롭게 직진할 수 있을 거예요.

엄마, 맥도날드와 디즈니 주식 사주세요

햄버거와 영화를 좋아하는 아이들

우리 가족은 가끔 맥도날드에 간다. 아이들은 해피밀 세트를, 나와 남편은 커피를 주문한다. 맥도날드 커피는 가성비가 좋아 자주 마시게 된다. 매장을 방문할 때마다 느끼는 것 중 하나는 다양한 연령층이 맥도날드를 이용한다는 것이다.

'롯데리아 매장은 갈수록 없어지는데 맥도날드는 왜 계속 생기는 걸까? 스타벅스만 드라이브스루가 되는 줄 알았는데, 맥도날드도 드라이브스루가 가능하네.' 그러다 문득 아이들에게 질문을 했다.

어른이 되어도 맥도날드 불고기버거 먹으러 올 것 같아?

 당연하지 엄마, 이건 평생 먹어도 안 질릴걸.

 그럼 맥도날드 회사에 투자해볼래?
워런 버핏 할아버지도 맥도날드 햄버거 엄청 좋아하신대.

역시나 돌아오는 대답은 "오예!"였다.

2020년 봄, 이렇게 햄버거를 먹다 아들은 맥도날드 주주가 되었다. 아이들이 맥도날드를 가는 것만큼 좋아하는 것이 또 있다. 바로 집에서 팝콘 하나씩 들고 영화를 보는 것이다.

우리 가족은 마블 시리즈의 광팬이다. 한번 빠져들면 헤어 나올 수 없는 탄탄한 스토리와 진화하는 히어로를 보는 재미가 중독성 있다. 새로운 어벤저스 시리즈가 나올 때마다 다운로드한 영화를 몇 번씩 돌려보고, 피겨와 책을 사서 모으기도 했다.

어느 날, 문득 마블이란 회사가 궁금해졌다. 뉴스를 검색해보니 2009년 디즈니가 마블을 인수한 후 디즈니 주식은 계속 상승세였다. 그리고 마블 이외에 DC 코믹스, 픽사, 21세기 폭스, 내셔널 지오그래픽 등 수많은 자회사들을 거느린 세계적인 기업이었다.

너, 마블 스튜디오가 미키마우스를 만든
디즈니 회사 소속인 거 알고 있었어?

정말요? 우와, 디즈니에서 겨울왕국도 만들었잖아요.

아이의 들뜬 얼굴을 보다 나는 자연스럽게 휴대폰을 들었다.

 디즈니 주식, 얼마나 하는지 알아볼까?

좋아요!

얼마 후 아들은 디즈니 주주가 되었다. 아들은 그 후 디즈니의 신작 개봉 소식을 기다리기도 하고 영화를 본 후 날카로운 평론도 잊지 않았다. 코로나가 끝나면 가장 하고 싶은 일이 디즈니랜드에 가는 거라고 일기장에 써놓을 정도로 주주로서 충성심이 대단하다.

주주가 되면 세상이 다르게 보인다

대부분의 아이들처럼 새로운 디즈니 캐릭터의 등장을 기다릴 때 디즈니의 주주가 된 아들은 그 너머 세상을 보게 되었다. 코로나의 영향으로 직격타를 입은 디즈니랜드의 매출을 걱정하기도 하고, 디즈니플러스(스트리밍 서비스 OTT)의 한국 진출 소식에 콧노래를 부르기도 했다. 디즈니의 자회사 개념과 수익구조에도 관심을 갖게 되었다. 맥도날드에 투자하면서는 '배당금'이 무엇인지 알게 되었고, 드라마 주인공이 맥도날드 햄버거를 먹는 장면을 보며 기업의 마케팅 전략과 'PPL'을 알게 되었다.

이처럼 투자의 아이디어는 생활 속에서 얼마든지 발견할 수 있고 사고를 확장하는 계기가 되기도 한다. 숨어 있는 기업을 찾으려 하지 말고 가족의 생활 깊숙이 파고든 기업부터 하나씩 함께 알아가면 된다. 인기 있는 브랜드나 캐릭터, 또는 게임이 무엇인지 아이들의 말에 귀를 기울인다면 투자가 한결 쉬워질 수도 있다. 좋아하는 회사의 물건을 사고 서비스를 이용하는 건 당연하다. 그렇다고 모든 사람들이 그 회사를 소유할 생각을 하는 건 아니다. 애플의 휴대폰을 사는 건 쉬워도, 애플의 직원이 되는 건 어렵다. 하지만 애플의 주주가 되는 것은 어쩌면 휴대폰을 사는 일보다 쉬울 수도 있다.

소비자에서 자본가로

기업의 제품과 서비스를 이용하는 것과 기업의 성장을 관련짓는 일은 낯설 수밖에 없다. 그렇기 때문에 투자자의 시선으로 세상을 바라보며 돈을 잘 벌어줄 믿을 만한 기업을 찾는 연습이 필요하다.

나 또한 그런 연습을 아들과 함께하고 있다. 세상의 변화를 주시하며 우리의 일상을 파고드는 기업을 찾아 동업해보려 한다. 그마저 어렵다면 먼저 좋아하는 회사의 주주가 되어보는 건 어떨까? 회사의 직원이 되지 않아도 그 회사의 비전과 성과를 나눠 가지는 가장 현실적인 방법일 수도 있다.

우리나라의 미래를 책임질 아이들은 소비자에서 주주, 주주에서 기업가, 자본가로 얼마든지 성장할 수 있다. 아이들의 미래를 위한다면, 더 넓은 세상에서의 무한한 가능성을 보여주자. 부자와 가난한 사람의 차이는 학업성적도 부모의 경제력도 아니다. 자신이 스스로 터득한 경제 감각에 있다.

어렸을 적부터 체득한 경제 감각과 투자의 경험은 아이의 미래에 소중한 자산이 될 것이다. 부모가 첫 물꼬만 잘 터준다면 아이들은 얼마든지 자본가로 성장할 수 있다.

실전! 미성년 자녀를 위한 주식투자
(feat. 오직 매수! 수익 200%)

미성년자 계좌 개설 준비물

❶ 부모 신분증 ❷ 가족관계증명서
❸ 기본증명서(자녀 기준 상세) ❹ 부모 또는 자녀 도장

* 가족관계증명서와 기본증명서 : 발급일자 3개월 이내, 주민등록번호 전부 표기

아이의 명의로 주식을 사주기 위해 그동안 모은 돈을 합산해보
았다. 월급을 받을 때마다 아들을 위해 따로 모아둔 돈, 영어학원비
대신 모은 돈, 아동수당 등이 모여 목돈이 되어 있었다. 그렇게 2년
동안 모은 돈과 아들이 명절과 생일 때마다 받은 용돈까지 합해보

니 생각보다 많은 돈이 마련되었다. 우리의 계획을 들은 아이들은 드디어 자신도 회사의 주주가 된다며 좋아했다.

자녀에게 주식을 사주고 싶다면 먼저 증권회사에 주식계좌를 개설해야 한다. 성인이라면 증권회사에 방문하지 않고 휴대폰으로 간단하게 비대면 계좌 개설을 할 수 있다. 하지만 미성년자의 경우에는 몇 가지 서류가 필요하기 때문에 증권회사에 직접 방문해 계좌를 개설해야 한다.

이때, 국내주식 계좌를 개설할 때 해외주식 거래등록도 함께 하는 것이 좋다. 필요 서류는 증권사마다 차이가 있지만 방문하는 부모의 신분증, 가족관계증명서, 자녀 기준 기본증명서(상세), 부모 또는 자녀 도장 정도만 있으면 대부분 개설이 가능하다.

부모 공동인증서로 자녀 계좌 확인하기

자녀의 공동인증서를 발급받을 때 창구에서 사이버주문대리인 등록을 해두면 부모 공동인증서로 로그인해서 자녀 계좌를 한 번에 볼 수 있고 주식을 주문할 수도 있어요. 그러니 잊지 말고 함께 등록해두세요.

▼ 해외주식 계좌 개설하는 법

① 증권회사에 방문해서 계좌를 개설했으면 해
외주식 거래를 위한 앱을 다운받아야 한다. 미
래에셋의 경우 m.Global 앱을 다운받으면 해
외주식을 거래할 수 있다.(국내주식 거래는
m.Stock 앱을 다운받으면 된다) 해외주식 이용
등록을 하지 않으면 국내주식만 거래되는 경
우도 있으니 증권회사에 방문했을 때 해외주
식 거래 등록을 요청해두는 것이 좋다.

② 자녀 계좌에서 앱으로 해외주식을 주문하기 위
해서는 공동인증서 발급이 필요하다. 첫 화면
에서 메뉴를 클릭하고 인증/OTP를 클릭한다.

> 증권사마다 앱이 다르지만 기능은 비슷하다. 여기서는
> 미래에셋 m.Global을 기준으로 설명하겠다.

90

3 화면의 메뉴에서 공동인증서를 클릭한다.

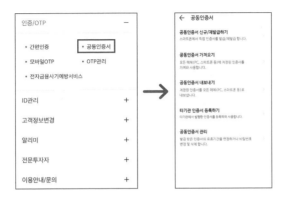

4 자녀명의의 공동인증서는 처음 발급하기 때문에 '공동인증서 신규/재발급하기'를 클릭하고 다음 단계로 넘어간다.

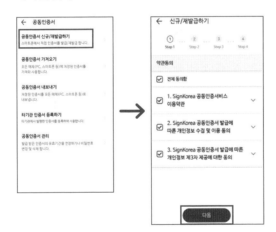

⑤ 약관 동의 화면에서 '전체 동의함'을 체크한 후 '다음'을 눌러 진행한다. 개
인정보 입력란이 나오면 자녀의 이름과 주민등록번호를 입력한다. 계좌번
호와 비밀번호는 증권회사에 방문해서 개설한 정보를 잘 메모해 두었다가
입력하면 된다. '다음'을 눌러 진행한다.

⑥ 보안카드 번호를 입력하려면 증권회사에서
계좌를 개설하면서 받은 자녀명의의 보안카
드를 잘 챙겨 두었다가 해당하는 번호를 찾아
서 입력하면 된다.

⑦ 자녀명의의 공동인증서 비밀번호를 등록하고
발급이 완료되었으면 앱을 실행하고 로그인
할 때 자녀명의 공동인증서가 보인다. 공동인
증서 비밀번호를 입력하면 로그인이 된다.

8 로그인을 완료했으면 원하는 해외주식을 검색한 후 계좌 비밀번호를 입력하고 주문할 수 있다.

9 미래에셋의 경우 사이버주문대리인 등록이 되어 있으면 m.ALL 앱에서 계좌별/상품별 자산을 확인할 때 자녀의 주식계좌도 함께 확인이 가능하다.

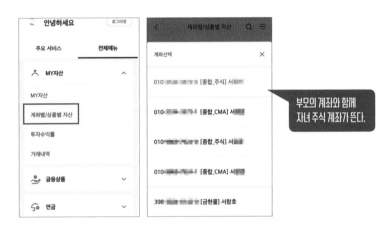

증권사는 가급적 규모가 큰 곳을 추천

대부분의 사람들이 증권사를 선택할 때 거래 수수료나 환전 우대 정도 등을 비교해보고 결정한다. 하지만 수수료보다 증권사의 규모를 보고 선택하는 것이 좋다.

자녀의 주식투자는 뒤에서 언급하겠지만 잦은 매매를 할수록 불리하다. 그러므로 수수료 차이가 크지 않다면 거래시스템 운영이

안정적인지, 인력이 충분해서 상담이 편한지, 풍부한 투자자료가
제공되는지 등을 고려하여 장기적으로 돈을 맡겨도 안전한 대형 증
권사인지를 먼저 체크하는 것이 좋다.

증권사를 선택해도 인근에 지점을 찾기 어려워 계좌 개설이 힘
든 경우에는 은행을 통한 계좌 개설도 가능하다. 계좌를 개설할 증
권사 홈페이지에서 계좌 개설 방법과 가능한 은행, 은행별로 가능
한 업무까지 확인할 수 있다. 이때 해당 은행별로 필요 서류가 다를
수 있으므로 반드시 사전 확인이 필요하다.

	주식계좌	선물옵션	펀드계좌	해외주식	FX마진	해외선물
	o	o	o	-	-	-
KB 국민은행	o	o	o	o	o	o
신한은행	o	o	-	-	o	o
우리은행	o	o	o	o	o	o
농협	o	-	o	-	-	-
IBK 기업은행	o	o	o	o	-	-
하나은행	o	o	o	o	o	o
citibank	o	o	o	-	-	-
DGB대구은행	o	o	-	-	-	-
광주은행	o	o	-	-	-	-
BNK 경남은행	o	o	-	-	-	-
BNK 부산은행	o	o	-	-	-	-
MG새마을금고	o	o	o	-	-	-
	o	o	o	-	-	-
신협	o	o	o	o	-	o

참조: 키움증권

증권사가 인근에 없을 때는 은행을 통해 증권 계좌를 개설할 수 있다.

은행에서 제공하는 증권 계좌 서비스

아이에게 주식계좌가 생겼다고 이야기했다.

 드디어 우리 아들 주식계좌가 생겼네. 축하해.

정말요? 그럼 나도 오늘부터 주식 살 수 있는 거예요?

물론이지. 네 명의로 발급받은 공동인증서로 증권사 앱에 로그인하면 엄마, 아빠처럼 주식을 살 수 있지.

그럼 나도 미국 주식 살 수 있어요? 테슬라 주식도 살 수 있고요?

그래. 그리고 우리가 베트남 여행 때 묵었던 빈펄 리조트 주식도 살 수 있어. 국내주식뿐 아니라 해외주식도 살 수 있는 증권계좌도 함께 발급했거든. 네가 성인이 되기 전까지는 엄마 아빠랑 이렇게 의논하면서 주식을 하나씩 살 거야.

내가 10살이니까 10년만 더 있으면 성인이 되는 거네요. 그런데 10년 뒤에 내가 투자한 회사가 사라질 수도 있잖아요. 그럼 너무 속상할 거 같아요.

그렇지. 그러니까 10년 뒤에도 살아남을 기업에 투자해야겠지? 너는 엄마 아빠보다 더 오랜 기간 투자를 하게 될 거니까, 미래에 유망한 기업에 투자하면 더 좋겠지?
앞으로 어떤 산업이 발전할지 차근차근 알아보면 돼.

10년 뒤에도 여전히 돈을 많이 벌 수 있는 회사를 찾으려면 내가 가진 상상력을 총동원해 봐야겠어요.

그래 멋지다. 넌 상상력이 뛰어나니 틈날 때마다 생각나는대로 같이 이야기해보자.

자녀주식 실전투자 ②
현금증여 신고하기

미성년자 10년간 비과세 한도 2,000만원! 20년간 총 4,000만원!

첫째 아이가 10살이 되었을 때, 우리 부부는 2,000만원을 증여한 뒤 증여신고를 했다. 아이 명의로 주식을 사주기 전에 거쳐야 할 절차가 바로 '증여신고'이기 때문이다. 세무서를 걸어 나오면서 '10년, 20년 뒤에는 이 돈이 얼마나 되어 있을까?' '훗날 어떤 어른이 되어서 이 돈을 사용하게 될까?'란 기분 좋은 상상을 했던 기억이 있다.

자녀 계좌에 목돈을 송금하고 증여신고를 하지 않는 경우도 많은데 세금 절약을 위해 증여신고를 하는 것이 좋다. 미성년 자녀에게는 10년 단위로 2,000만원까지는 증여세 없이 현금을 증여할 수 있기 때문이다. 증여세를 내지 않아도 되는 금액을 증여했더라도 증여신고를 해두는 것이 좋다. 왜냐하면 2,000만원 비과세 혜택은 사용하지 않으면 한도가 사라지기 때문이다. 또한 증여한 돈으로 투자해 훗날 몇십 배의 수익이 난다면, 자금 출처를 증빙해야 할 수도 있기에 근거를 마련해 두는 차원에서라도 신고는 하는 것이 좋다.

만약 증여신고를 했다 하더라도, 미성년자 자녀의 계좌에서 부모가 잦은 매매를 통해 수익을 발생시켰다면, 어린 자녀를 대신해 부모의 판단으로 '추가 수익'을 낸 것으로 간주해 증여세가 부과될 수 있다. 그러므로 현금증여 신고는 하되, 자녀의 계좌에서 부모가 잦은 매매는 하지 않는 것이 좋다.

자녀가 사회와 기업에 대한 관심이 생겼을 때 함께 의논하며 매수를 결정하고, 이후 성인이 될 무렵 스스로 투자하도록 돕는 것이 합리적인 방법이 될 것이다.

엄마도 쉽게 따라하는 현금증여 신고

증여할 현금이 마련됐다면, 이제 신고만 하면 된다. 증여신고는 어떻게 할까? 증여신고는 생각보다 복잡하지 않다. 우선 부모가 자녀 계좌로 송금할 때, 부모 계좌와 아이 계좌 양쪽에 서로의 이름이 기재되도록 하는 것이 좋다. 나중에라도 확인이 필요할 경우 간단하게 거래 내역을 찾아볼 수 있기 때문이다.

송금한 후에는 필요한 서류 두 가지를 준비한다. 자녀 계좌로 이체한 내용을 확인할 수 있는 ① 송금영수증과 ② 가족관계증명서(3개월 내 발급만 유효)가 필요하다.

이때 자녀에게 증여한 날로부터 3개월 이내에 납세지 관할 세무서에 신고해야 한다. 기간 내에 신고하면 3% 세금 공제 혜택도 받을 수 있으니 꼭 기억해두자.

신고는 관할 세무서나 인터넷 홈택스, 모바일 손택스 앱으로 하면 되고, 온라인으로 할 때에는 자녀 명의의 공동인증서로 로그인해야 가능하다.

▼ 홈택스(손택스)로 자녀에게 현금증여 신고하기

휴대폰으로 자녀에게 현금을 증여하는 방법에 대해 살펴보자.

❶ 홈택스(손택스) 설치하기

휴대폰에 홈택스(손택스) 앱을 설치한다. 이때 자녀 명의 공동인증서는 미리 준비해놓아야 한다.

② **인증절차 밟고 회원 가입하기**

화면이 열리면 자녀 명의로 회원가입을 한다. 약관에 동의한 후, 본인인증 절차, 법정대리인(부모) 추가인증 절차를 거친다.

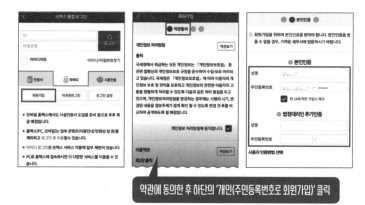

약관에 동의한 후 하단의 '개인(주민등록번호로 회원가입)' 클릭

③ **증여세 일반증여(정기신고) 들어가기**

자녀의 공동인증서로 로그인을 하고 '신고납부' 메뉴에 들어가서 '증여세'를 선택하고 '증여세 일반증여(정기신고)'를 순차적으로 선택해 들어간다.

④ 증여 정보 입력하기

증여일자(자녀 계좌로
송금한 날짜), 증여자
(재산을 주는 자), 수증
자(재산을 받은 자) 등
을 입력한다.

하단으로 내려오면 선
택항목이 있는데 '직
계비속'◆을 선택하
고, '조회하기'를 눌러
서 증여자와의 관계를
'자'로 설정한다.

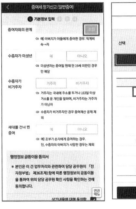

◆　직계 친족 중 본인부터 위의 계열에 있는 이들을 직계 존속이라 하고, 자손의 계열에 있는 아들, 딸, 손자,
　　손녀, 증손 등은 직계 비속이라 한다.

수증자가 미성년자이면 '예', 세법상 거주자이면 '거주자'를 선택하고 세대를 건너 뛴 증여는 '아니오'를 선택한다.

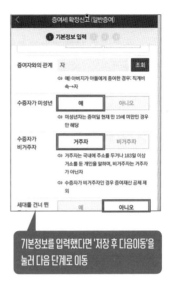

기본정보를 입력했다면 '저장 후 다음이동'을 눌러 다음 단계로 이동

5 증여 종류와 액수 입력하기(예: 1,000,000원)

증여재산명세서 입력에서는 '증여재산—일반'을 선택한다. 증여재산 종류는 '현금'을 선택하고 평가방법은 '현금 등 시가(상기 제외)'로 지정한다.

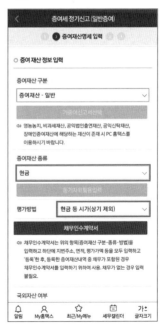

국외자산여부에 '부'로 선택한 후 평가가액에 1,000,000원을 입력한 후 등록 버튼을 누른다. 특별한 경우가 아닌 이상 '증여계약서'는 넘어가면 된다. 세액계산 입력에서 증여재산공제 항목의 직계존비속에 1,000,000원을 입력하면 세율이 0%로 설정된다. 신고내역확인에서 증여재산가액, 증여세과세가액, 증여재산공제에 1,000,000원과 산출세액 0원을 확인하고 '신고서 제출'을 누르면 끝이다.

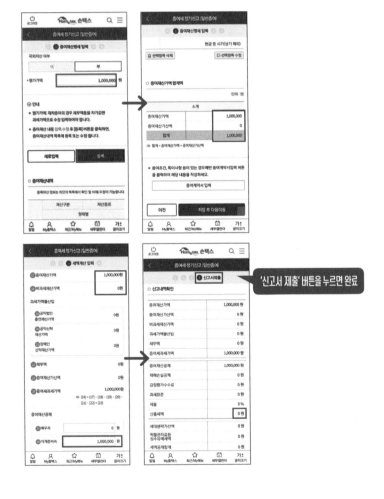

'신고서 제출' 버튼을 누르면 완료

6 휴대폰에 저장된 서류 첨부하기

[가족관계증명서, 송금영수증 또는 통장거래내역서]

첫 화면에서 신고납부>증여세>증여세 신고 증빙서류 제출을 클릭한 후 신고서 부속서류 제출 화면에서 '조회하기'를 누르면 신고내역에서 접수증보기와 부속서류첨부를 할 수 있다.

정보 입력 후 '조회하기' 버튼 클릭

'부속서류 제출하기' 버튼을 클릭 후 파일 첨부

증여신고를 하고 아이와 '세금' 이야기를 했다

세금을 절약하기 위해 미리 증여신고를 했다는 이야기를 하자 아들의 질문이 쏟아졌다.

세금은 왜 내는 거예요? 세금은 주로 어디에 써요?

너희들이 다니는 학교, 책을 빌리는 도서관, 그리고 주민센터, 복지관은 우리가 낸 세금으로 지어졌어. 또 사람들이 다니는 인도와 차가 다니는 도로와 다리, 거리에 있는 가로등과 공원, 홍수를 막아주는 댐도 세금으로 건설되었고. 국민들의 안전을 위한 경찰서, 소방서, 군대도 마찬가지야.

아, 그렇구나. 우리가 낸 세금은 결국 우리를 위해 다시 돌아오는 거네요.

그렇지. 그리고 나라의 살림살이를 하는 '공무원'의 임금도 세금에서 나가는 거야. 집안 살림을 할 때도 예산을 세우고 지출을 하거든. 나라도 마찬가지야. 정부도 나라 살림을 잘하기 위해서 예산을 세우는데, 살림에 써야 할 돈을 마련하기 위해 국민들로부터 세금을 걷는 거지.

그러면 국민이라면 세금을 꼭 내야 하는 거네요.

맞아. 한 나라의 국민은 성실하게 세금을 내야 할 의무가 있어. 보통 세금은 소득이 많은 사람은 많이 내고, 적은 사람은 적게 내거나 면제를 받기도 해. 이렇게 해서 국민들의 소득 차를 줄이고 다 같이 잘 사는 나라를 만들려고 하는 거야.

그럼, 저는 세금을 안 내도 되는 건가요?
저도 우리나라 국민인데요.

물론 너도 내고 있어. 네가 문구점에서 학용품을 살 때나, 마트에서 아이스크림을 사 먹을 때도 세금을 내고 있어. 물건을 사고 받은 영수증을 자세히 살펴보면 '부가가치세'라고 표기가 되어 있을 거야. 가격에 포함되어 있어 깨닫지 못할 뿐이지. 이 부가가치세는 가게 주인이 대신 받아 모아두었다가 한꺼번에 나라에 내는 거야.

그럼 다른 세금도 있어요?

개인이 돈을 벌면 내야 하는 '소득세'와 법으로 인정받은 인격체 즉 '법인'이란 곳에서 돈을 벌면 내야 하는 '법인세'가 있어. 그리고 외국에서 물건을 사서 우리나라로 가져올 때 내는 '관세'와 집이나 자동차를 살 때 내는 '취득세'도 있단다. 이처럼 세금은 종류도 많고 내는 방법도 달라. 그런데 세법에 따라 세금이 바뀌기도 해서 보통 사람들은 세금을 많이 어려워해. 그래서 복잡한 세금 문제를 상담해주는 '세무사'라는 직업도 있는 거겠지.

그런데 세금을 안 내는 사람도 있어요?
세금을 안 내면 어떻게 돼요?

세금을 내지 않으면 결국 성실하게 세금을 내는 많은 사람들이 손해를 보고 나라 살림도 어려워지겠지. 그래서 세금을 안 내거나, 덜 내는 사람들은 결국 처벌을 받게 된단다.

예비 납세자이기 전에 자본가

세금을 아끼는 것도 중요한 일이다. 하지만 이보다 대한민국 국민이라면 세금을 내야 하는 의무도 있다는 사실을 아이에게 알려주는 것이 좋다. 세금이 두려워 투자를 주저하기보다 세금을 많이 낼 수 있는 자산가가 되는 것에 초점을 맞춰보자. 세금을 많이 내는 것은 그만큼 풍부한 자산을 취득했다는 의미다. 이왕 내야 할 세금이라면 사회와 국가를 위한 일이라 생각하고 내면 좋지 않을까? 내가 낸 세금으로 아이가 다니는 학교의 급식 메뉴가 달라질 수 있다고 생각하면 아까운 마음이 덜할 것이다.

고대 그리스 철학자 아리스토텔레스는 '인간은 사회적 동물이다'라는 말을 남겼다. 갈수록 개인적인 삶을 살게 되는 현시대 흐름과 동떨어진 말로 들릴 수도 있지만, 인간은 결코 홀로 살 수 없다. 개인은 개인으로서만 존재하는 것이 아니라 사회 속에서 존재한다. 개인이 속한 사회와 국가 모두가 안정되고 발전을 거듭해야 개인도 행복해질 수 있다.

대한민국의 미래를 책임질 아이들이 예비 납세자이기 전에 자산가로 성장했으면 한다. 아이들의 무대가 될 우리 사회가 지금보다 더 풍요로워지기를 바라면서.

증여 시기를 잘 맞추면 최대 400만원을 아낄 수 있다!

예를 들어 자녀가 1살일 때 2,000만원을 증여하면 세금이 전액 공제되고, 10년 후인 11살에 또다시 2,000만원을 증여해도 마찬가지로 세금이 공제됩니다. 그리고 10년 뒤

인 21살부터는 성인이 되었기에 5,000만원까지 세금 없이 증여가 가능하지요. 즉, 태어날 때부터 꾸준히 증여했다면 성인이 된 시점에 최대 9,000만원까지 세금 없이 증여가 가능해요.

| 1~10살
2,000만원 증여 | 11~20살
2,000만원 증여 | 성인
5,000만원 증여 |

| 총 9,000만원 |

자녀에게 비과세 증여 가능

그런데 만약 21살 때 10년 공제 혜택을 받지 못하고 한꺼번에 9,000만원을 증여한다면 세금이 얼마나 발생할까요? 결과적으로 총 400만원의 세금을 납부해야 합니다.

| 성인 자녀에게 9,000만원 일시 증여할 때 |

9,000만원 - 5,000만원 × 10% = 400만원
　　　　　　　(공제금액)　　(세율)　　(과세)

증여재산공제	공제금액	비고
미성년자	2,000만원	10년간 누계한도
성인	5,000만원	

과세표준	세율	누진공제액
1억원 이하	10%	–
1억원 초과~5억원 이하	20%	1,000만원
5억원 초과~10억원 이하	30%	6,000만원
10억원 초과~30억원 이하	40%	1억 6,000만원
30억원 초과	50%	4억 6,000만원

내 자녀가 취직했으면 하는 회사를 찾아라

자, 이제 본격적으로 자녀의 계좌에 주식을 담아주는 일만 남았다. '나의 자녀가 어떤 회사에 취직하기를 원하는가?'를 생각하면 어떤 회사에 투자해야 할지도 판단이 설 것이다. 가능한 몇십 년 동안 굳건히 자리를 지키고, 미래 사회를 선도할 1등 기업에 투자하는 게 좋지 않을까? 물론 그러한 회사들의 주가가 이미 많이 올랐다며 투자를 망설이는 부모도 있을 것이다. 그럴 때는 주기적으로 1주씩이라도 매수하는 걸 추천한다. 유망 산업에서 살아남은 세계 1등 기업은 시장의 위기 상황에도 살아남을 확률이 크기 때문이다. 자녀가 성장하는 속도만큼이나 유망 산업의 1등 기업도 함께 성장할 것이다.

업종별 세계 1등 회사 조사하기

세계 1등 회사는 미국에 가장 많다. 하지만 업종별 1등 회사는 국가별로 나뉘어 있다. 구글에서 검색하면 업종별로 실적이 좋은 회사를 쉽게 찾을 수 있다. 예를 들면 명품은 유럽의 에르메스, LVMH, 게임은 중국의 텐센트 등이다. 향후 가능성을 고려해 경쟁 회사도 함께 찾아 놓는 것이 좋다. 종목별 1등 회사를 찾았다면 매수해야 할 리스트에 적어두고 그 회사들의 주가 흐름을 살펴보자. 지속적으로 상승했는지 또 위기가 왔을 때 얼마나 많이 하락했고 회복하기까지 기간이 얼마나 걸렸는지를 체크해두자. 그래야 적절한 투자 시기를 찾고 확신을 가질 수 있기 때문이다.

미래 성장 산업에 주목하기

세계 1등 기업이라도 그 업종이 앞으로 성장 가능성이 높지 않으면 신중히 고민할 필요가 있다. 예를 들면 다가오는 전기차 시대에 1등 정유회사는 그다지 매력적이지 않을 것이다. 또한 건강에 관심이 많아지는 요즘 시대에 세계 1등 담배회사도 좋아 보이진 않는다. 미래 사회 변화에 주목하며 어떠한 업종이 선두를 지키고 있는지 항상 주목할 필요가 있다.

'구글링'과 친해져보자

예능 프로그램에 출연한 강방천 회장 영상을 보고 명품기업의 주식에 대해 관심이 생겼다. 그래서 구글에서 검색해보니 당시 명품 세계 1위 기업은 루이비통 브랜드를 소유하고 있는 LVMH였다. 세계 1등 기업, 해외주식에 관한 정보는 국내 포털 사이트보다 구글이 좀 더 유용하다.

1등 기업만 찾아주는 검색 플랫폼이 있다면 좋겠지만 기업에 대한 이슈와 실적은 수시로 바뀌기 때문에 정확한 정보는 스스로 찾는 것이 좋다. 꼬리를 물고 파고드는 노

력의 시간은 결코 배반하지 않는다는 사실을 믿고 '구글링'을 자주 해보자. 1등 기업을 찾았다면 이 회사가 주식시장에 상장된 회사인지 또 현재 주가는 얼마인지를 알아보자. 구글 검색창에 'LVMH 주가'라고 검색하면 주가차트, 시가총액, 배당수익률 등 간단한 정보를 한눈에 볼 수 있다.

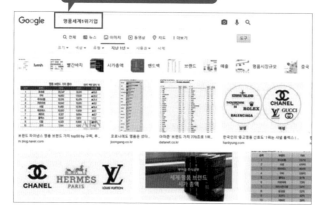

주가차트 우측 위의 '더보기'를 클릭해서 최대기간의 차트를 보며 꾸준하게 주가가 상승한 기업인지 살펴보자. 특히 장기투자를 해야 하는 자녀의 주식은 지난 주가의 움직임을 확인하는 작업이 꼭 필요하다.

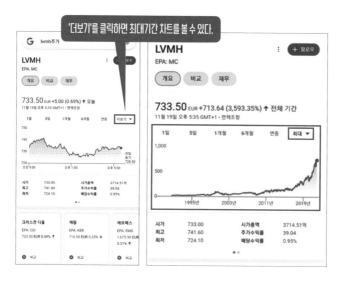

상단의 '비교' 버튼을 클릭하면 관련 기업의 리스트가 나온다. 같은 업종의 주식 중에서 어떤 경쟁업체가 있는지를 쉽게 확인할 수 있다. 경쟁업체 중에서 앞으로 성장 가능성이 높아 보이는 회사가 있다면 같이 투자를 해보는 것도 좋은 방법이다.

LVMH의 경쟁업체를 볼 수 있다.

해외주식 관련 참고 사이트

야후파이낸스(finance.yahoo.com)

해외주식의 실시간 시세, 종목별 다양한 재무 분석 정보를 제공한다.

ETF닷컴(www.etf.com)

해외ETF 정보를 제공한다.

인베스팅닷컴(kr.investing.com)

해외주식의 실시간 시세, 전세계 증권시장 지수 현황 등 정보를 제공한다.

자녀주식 실전투자 ❹
주식 매수하기

기억하자, '매수(사는 것)' '매도(파는 것)'

앞에서 말한 바와 같이 증권사를 선택할 때에는 평판이 좋은 대형 증권사를 선택하는 것이 좋다. 또한 증권사마다 투자할 수 있는 국가가 조금씩 다를 수도 있으므로 미리 확인해봐야 한다. 예를 들면 미국 주식은 거래되지만, 유럽 주식은 거래가 안 될 수도 있다. 또 같은 유럽이라도 투자 가능한 나라가 다를 수 있으니 미리 알아보고 결정하면 좋다. 증권사를 선택했다면 이제 어떤 기업에 투자할 것인지 아이와 함께 의논한 뒤 그 기업의 주식을 매수하기만 하면 된다.

'자본주의의 꽃은 주식이다'라는 말이 있을 만큼 주식은 투자의 세계에서 중요한 자산이자 소유하고픈 자산이 되었다. 많은 사람들이 이용하는 투자수단이 된 만큼 거래절차나 사고파는 방법이 예전과 다르게 간단해졌다.

생애 첫 주식매수를 결심하고 '매수' 버튼을 누를 때 '이 버튼 하나만 누르면 이제 주주가 되는구나' 하고 가슴이 두근거렸던 적이 있다. 생각해둔 기업의 주식을 1주 매수하고 '체결'되었다는 알림 메시지가 뜨자, 이렇게 쉬운 걸 왜 이제야 시작했는지 후회가 들 정도였다. 기억하자. '매수(사는 것)' '매도(파는 것)' 버튼만 헷갈리지 않으면 누구나 주주가 될 수 있다.

해외주식 매수해보기

해외 주식시장은 시차를 따져 개장시간을 확인해야 한다. 대표적으로 미국 주식시장의 개장시간은 현지 시간 기준 9:30~16:00로 한국 시간으로는 23:30부터 익일 6:00까지다. 3월 둘째 주 일요일부터 11월 첫째 주 일요일까지는 서머타임으로 개장시간이 변경되기도 한다. (2022년 기준 : 3월 13일~11월 6일) 이때에는 1시간씩 개장시간이 당겨지기 때문에 한국 시간으로 22:30부터 익일 5:00까지 장이 운영된다.

미국 개장시간	평소	서머 타임	
	23:30 ~익일 6:00	22:30 ~익일 5:00	3월 둘째 주 일요일 ~11월 첫째 주 일요일

국내주식과 미국 주식에는 기본적으로 주문하는 날짜와 결제되는 날짜에 차이가 있다. 미국 주식은 매도 후 3일 뒤에 입금이 된다. 예를 들면 월요일에 매도를 하면 국내주식은 수요일에 현금이 내 계좌에 들어오지만 미국 주식은 목요일에 들어온다.

해외주식은 대부분 외화로 거래되기 때문에 환전하는 것이 번거로워 투자를 망설이기도 한다. 하지만 다행히 대형 증권사의 경우 환전할 필요 없이 원화로 주식을 사고 다음날 자동으로 환전이 되는 서비스(원화주문 서비스)를 제공한다. 그렇지 않은 경우는 증권사 앱에서 환전해두었다가 매수하면 된다.

미국 주식을 가지고 있으면 그 금액만큼 '달러 자산'을 가지고 있는 것과 같다. 그렇기 때문에 해외주식 투자는 환율에 따라 수익률이 달라진다. 예를 들어 환율이 1,000원일 때 A라는 미국의 주식을 100달러에 10주 매수했다고 하자. 그 후 주가는 그대로인데 환율이 1,100원으로 올랐다면 10%의 수익이 나는 것이다. 반대로 주가가 110달러까지 올라도 환율이 900원으로 떨어지면 수익이 거의 없을 수도 있다. 이처럼 해외주식 투자는 국내주식 투자와 달리 거래 시간과 환율 등 신경 써야 하는 부분이 많다. 그럼에도 세계 1등 회사에 투자할 수 있는 메리트가 있으니 충분히 도전해볼 만하다.

1주부터 우선 사볼까?

최신형 아이패드를 갖고 싶어 하는 아이들이 많을 것이다. 시험을 백 점 맞으면 또는 몇 등 안에 들면 사주겠다는 조건 대신 스티브 잡스에 대한 책을 읽으며 그의 경영철학과 애플의 탄생 배경을 알아보게 하는 조건을 걸면 어떨까? 애플의 소비자도 될 수 있지만 그보다 훨씬 적은 금액으로 애플의 주주가 될 수 있다는 이야기를 아들에게 해보자. 당장 아이패드를 사기보다 애플이란 기업을 사야겠다는 생각을 하게 될지도 모른다. 위대한 기업의 주주가 되면 자신의 능력으로도 아이패드를 살 수 있다는 사실을 깨달을 것이기 때문이다.

▼ 세계적인 기업 '애플' 주식 매수하기

① **거래하는 증권사의 앱을 켜고 로그인을 한다.**

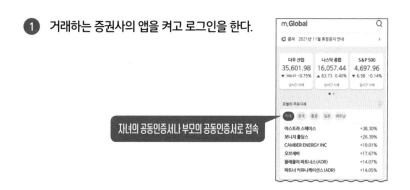

자녀의 공동인증서나 부모의 공동인증서로 접속

2 메뉴 > 해외주식 > 주식현재가 > 돋보기 버튼을 누르고 애플 또는 AAPL [◆] 을 입력한다.

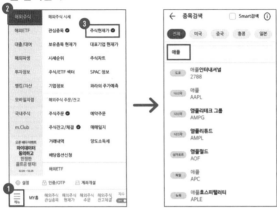

3 애플 (AAPL)을 찾을 수 있다. 증권사 앱에서 검색해 둔 종목은 관심 종목에 서 바로 찾아도 된다.

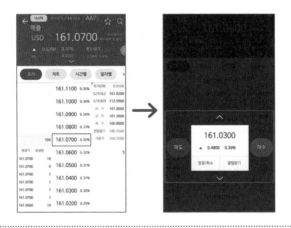

◆ **티커** : 주식의 이름이 길 경우 간편하게 검색하기 위해 만든 약어. 미국 주식의 경우 알파벳. 한국 주식의
경우 숫자로 나타낸다. (예: AAPL - 애플, MSFT-마이크로소프트, SBUX - 스타벅스)

④ 보통 1주 가격이 적힌 숫자를 누르면 빨간색의 매수 버튼과 파란색의 매도 버튼이 자동으로 뜬다. 매수를 누르고 매수 수량과 가격을 확인하면 끝이다.

⑤ 매수가 제대로 되었는지 '주문내역' 에서 확인을 해본다.

월급 날, 생활비 정산한 날은 매수하는 날

처음 주식을 시작하게 되면 내가 사면 오를 것 같은 기대감에 무턱대고 목돈으로 한 번에 주식을 매수하는 경우가 많다. 하지만 아무리 1등 회사 주식이라도 시장 상황에 따라 주가가 오르고 내리기를 반복한다. 또 위기 상황에는 다른 주식과 함께 하락할 수밖에 없다. 이를 대비하기 위해서는 '분할 매수'가 현명한 선택이 될 수 있다. 이때 단순히 나눠서 사야겠다는 생각보다는 투자할 금액에 따라 매수 계획을 세워두면 좋다.

만약 목돈을 투자할 경우 금액에 따라서 5회 또는 10회 정도로 나누고 투자 간격은 월 1~2회 정도로 매월 같은 날짜에 투자하기를 추천한다. 직장인은 월급날, 주부는 생활비를 정산하는 날, 아이들은 용돈을 일정 금액 이상 모은 날에 주가와 상관없이 모아가는 투자를 하면 좋다. 날짜를 정하지 않으면 갑자기 주가가 크게 내리거나 오를 때 계획에 없던 매수를 하게 될 수 있다. 한번 꼬인 실타래를 풀기란 쉽지 않다. 무턱대고 산 주식이 손실이 나기 시작하면 회복하기까지 오랜 시간을 기다려야 할 수도 있다.

'나는 꼭 바닥에서 사고 말 거야'라는 생각에 차트를 확인하며 시간을 허비하지 않길 바란다. 시간은 우리를 기다려주지 않는다. 가족과 보내는 시간은 더욱더 그러하다. 소중한 시간에 핸드폰만 뚫어져라 보기보다는 분할 매수 계획을 세우며 실천을 하는 것이 노력 대비 성공 투자를 하는 지름길일 것이다.

평범한 부모가
아이를 위해
어떤 주식을 사면 좋을까?

15

애플도 삼성도 망할 수 있다고?

자녀주식으로 삼성전자 어때요? |

'아이에게 처음으로 주식을 사주려는데, 삼성전자 주식 사주면 될까요?' 유튜브와 블로그에서 주로 받는 질문이다. 나의 대답은 늘 비슷하다. '삼성도 좋지만, 아이와 함께 이야기를 나누며 하나의 기업에 몰빵하지 않고 우량기업에 분산투자하는 걸 추천해요.'

유튜브나 신문기사를 보면 엄청난 수익률을 자랑하는 개인투자자들이 있다. 나 또한 투자를 막 시작했을 때 '저 사람처럼만 하면 금세 부자가 되겠는데?'란 생각을 하기도 했다. 그러나 그건 어디까지나 헛된 기대였다.

주식시장은 수많은 변수의 영향을 받는다. 테러나 바이러스는 늘 예고 없이 발생하고 유럽대륙에 부는 바람의 양에 따라 천연가스 가격이 폭등하기도 한다. 또한 미국의 정책 발표에 따라 금리가 좌우되고 중국과 일본의 주식시장이 흔들리기도 한다. 따라서 주식시장의 흐름을 정확히 예측하고 큰 수익을 낼 만한 기업들만 골라 투자하는 것은 그야말로 로또 1등 당첨에 버금가는 것이다.

'삼성전자나 네이버를 10년 전부터 투자했더라면……' 하며 아쉬움을 토로하는 사람들도 많다. 10년 전 국내 시가총액 1~10위 종목 중 살아남은 기업은 삼성전자, 한국전력, LG화학 단 3곳뿐이다.

네이버는 IMF 외환위기 속에서 탄생한 기업이다. 2010년 당시 상장한 지 2년밖에 안 된 회사가 10년 만에 삼성전자와 SK하이닉스를 잇는 시가총액 3위를 자랑하는 기업이 되리라곤 누구도 상상할 수 없었을 것이다.

대안은 우량기업 투자와 ETF 투자를 병행하는 것

미국의 대표적인 IT 기업인 마이크로소프트는 2000년 당시 미국에서 가장 큰 규모의 회사였다. 하지만 닷컴버블*과 9.11테러 그리고 미국금융위기**를 극복하는 데 17년이란 시간이 걸렸다.

국내 주식시장의 경우 상장의 절차와 조건이 까다로운 만큼 퇴출이 쉽지 않지만, 미국은 우리와 다르다. 미국 주식시장은 상장을 위해 드는 비용과 까다로운 규정 때문에 신규 기업의 40%가 7년 이내 상장폐지된다고 한다. 전 세계를 지배하는 미국의 기업도 10년 이상 꾸준한 실적을 내며 상장을 유지하기가 힘들다는 이야기다. 따라서 우량기업 1~2곳에 투자하기보다는 다양한 기업에 분산투자하는 것이 현명한 방법일 수 있다.

그럼 분산투자는 도대체 어떻게 해야 하는 걸까? 이에 대한 답은 간단하지 않다. 전문가마다 추천하는 포트폴리오도 다르고 환경적인 변수 또한 크기 때문이다. 분산투자의 위험률에 대한 연구결과에 의하면 보통 20~25개 종목으로 나눠 투자할 때 수익률이 비교적 안정적이라고 하지만 평범한 사람들이 20개 이상의 기업을 공부하고 투자하기란 쉽지 않다.

이때 가장 좋은 방법은 관심 산업의 우량기업과 ETF 상품에 함께 투자하는 것이다. ETF란 'Exchange Traded Fund'의 줄임말로 거래소에서 거래되는 펀드란 뜻이다. 이는 펀드를 주식처럼 언제든지 사고팔 수 있게 만든 상품으로, 적은 금액으로 다양한 기업에 투자할 수 있는 상품이다. ETF는 위험부담이 적고 시장 상황, 업종 전망에 따라 안정적인 수익을 낼 수 있는 것이 특징이다.

....

◆　**닷컴 버블(dot-com bubble)** : 1995~2000년에 인터넷 관련 사업이 등장하면서 미국 등 주식시장이 급격히 상승한 버블경제 현상이다. 'IT 버블, TMT 버블, 인터넷 버블'이라고 불리기도 한다.

◆◆　**미국금융위기** : 2007~2008년에 세계적으로 발생한 금융 위기로 2000년대 후반 미국의 금융 시장에서 시작되어 전 세계로 파급된 대규모의 금융 위기 사태를 통틀어 이르는 말이다. 1929년의 경제 대공황에 버금가는 세계적 수준의 경제적 혼란을 초래했다.

16

쉽게 하는 분산투자
ETF

국내, 미국 상장된 S&P500 ETF 장단점 |

지수를 추종하는 ETF는
가장 대중적인 상품

대표적인 ETF 투자로는 지수의 움직임을 따라가는 것이 있다. 개별 기업에 투자하는 대신 코스피, 코스닥, 미국의 S&P500 등의 '지수'에 투자하는 상품을 말한다.

지수 ETF는 펀드 매니저가 종목을 선별할 필요가 없어서 운용 보수가 비교적 낮은 것이 장점이다. 여기서 말하는 '지수'의 개념은 '주식시장' 전체를 말하는 것으로 미국 S&P500 지수를 추종하는 ETF에 투자한다는 것은 미국 시장 전체를 사는 것과 비슷하다.

지수 뒤에 붙는 숫자는 편입종목에 관련된 숫자다. 기업 하나가 망하는 건 쉬우나 나라 전체가 망할 확률은 극히 드물다. 그래서 워런 버핏은 자신이 죽은 뒤 아내에게 상속될 돈의 대부분은 S&P500 인덱스 펀드에 투자될 것이라 말했고, 월스트리트의 대표적인 투자자 짐 로저스도 ETF에 투자하는 것으로 알려져 있다.

우리나라에서도 ETF를 단군 이래 가장 매력적인 투자 상품이라고 말할 만큼 투자 열기가 뜨겁다. ETF도 펀드처럼 자산운용사에서 별도의 브랜드를 만들어 관리하는데, 상품명 앞에 붙은 영문은 자산운용사를 나타낸다. KODEX는 삼성자산운용, TIGER는 미래에셋자산운용, KINDEX 한국투자신탁운용, KBSTAR는 KB자산운용, ARIRANG은 한화자산운용이다.

예를 들어 KODEX200은 삼성자산운용이 만든 ETF로 코스피에 상장된 200개 기업에 투자하는 상품을 말한다. KODEX200의 상위 구성 종목 10개는 다음과 같다.

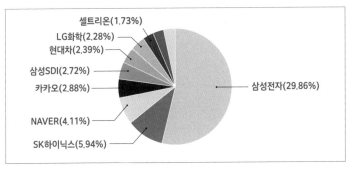

KODEX200의 상위 구성 종목 10개(2021.12.30. 기준)

그 밖의 다양한 ETF(업종, 원자재, 리츠 등)

지수를 추종하는 ETF 상품 외에도 바이오, 반도체 등 유망 산업에 투자하는 ETF, 원유, 금, 은, 구리 등에 투자하는 ETF, 부동산에 투자하는 리츠형 ETF, 달러와 엔화 등 통화지수를 따라가는 ETF, 채권에 투자하는 ETF 등 종류가 매우 다양하다. 아이와 의논하여 관심 분야가 정해지면 ETF로 분산투자를 시작해봐도 유익할 것이다.

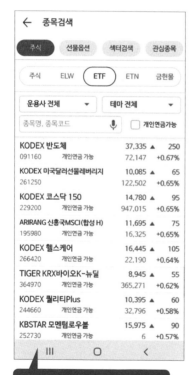

증권사 앱에서는 다양한 ETF 정보를 제공한다.

TIP

한국과 미국을 대표하는 지수 총정리

- **코스피** : 코스피는 '유가증권시장'이라고도 해요. 보통 국내 주식시장의 전체 움직임을 나타내는 숫자로도 쓰여요. 1990년 시가총액을 100포인트로 시작해 현재 2,977포인트(2021.12.기준)로 약 30배 성장했어요. 코스피200은 코스피시장에 상장된 기업 중 대표성 있는 200개의 기업을 추려 나타낸 지수예요.

- **코스닥** : 미국의 나스닥 시장을 모델로 코스피 시장의 뒤를 이어 1996년 시작되었어요. 벤처기업, 바이오, 콘텐츠 기업 등이 주로 코스닥에 상장되는데 이곳에 상장된 150개 기업의 지수가 코스닥150이에요.
  코스피시장에 삼성, LG, SK 등 전통적인 대기업이 상장된다면 코스닥시장에는 셀트리온 헬스케어, 카카오게임즈, CJ ENM 등 바이오나 게임, 콘텐츠 기업이 상장됩니다. 코스닥에 있던 셀트리온이 코스피로 편입되듯이 미래 기술의 가치가 높게 평가되는 흐름 속에 코스피와 코스닥의 경계는 허물어지고 있어요.

- **다우지수** : 1884년부터 미국의 다우존스 회사가 발표하는 주가 평균으로 신용도가 높고 안정된 기업의 주식 30개를 표본으로 나타낸 지수예요. 애플, 골드만삭스, 맥도날드, 마이크로소프트, 나이키, 비자, 디즈니, 화이자, 3M 등이 여기에 포함되어 있어요.

- **S&P500** : 미국의 신용평가회사인 스탠더드앤드푸어스가 뉴욕증권거래소와 나스닥 기업 중 500개 기업의 주식을 산정하여 나타낸 지수예요. 기업의 규모, 유동성, 산업의 대표성 등을 고려해 산출됩니다. 공업주 400개 종목, 공공주 40개 종목, 금융주 40개 종목, 운수주 20개 종목으로 구성되어 있어요. 미국 시장을 대표하는 지수로 미국ETF도 S&P500 지수를 따르는 상품이 많아요.

- **나스닥지수** : 나스닥은 마이크로소프트, 애플, 아마존과 같은 첨단기술 중심의 시장으로 S&P500과 같이 시가총액 방식으로 산출해요. 대표지수로 100개 종목을 선정하는 나스닥100이 있어요. 최근 쿠팡이 나스닥시장에 상장되었어요.

17 아이가 좋아하는 ETF 찾기
(feat. 로봇, 게임, 반려동물)

아이의 관심사에서 출발

아들은 유독 로봇을 좋아한다. 7살까지 블록으로 정체불명의 로봇을 만들어 나에게 기능을 설명하며 놀았고, 로봇이 나오는 만화를 보고 장난감을 사달라고 조르기도 했다. 학교에 입학하자 방과후 로봇 수업을 신청해서 수업도 듣고 어설픈 코딩 실력으로 직접 만든 로봇을 움직이게도 했다. 과학잡지를 보다 드립 커피를 내리는 로봇 사진을 보며 "이 로봇 엄마한테 정말 필요한 로봇이야."라며 흥분된 목소리로 말한 적도 있다. 로봇에 관심이 많은 아들 덕분에 얼마 전에는 현대모터스튜디오도 다녀왔다. TV 광고에 나온

BTS와 춤추는 로봇개 '스팟'을 직접 볼 수 있었다.

모든 기업을 탐방하며 연구할 수 없다면

세계 유명한 로봇 기업을 방문해 다양한 로봇을 직접 보여주고 싶지만 보통 부모의 열정으로는 그곳까지 미치기 힘들다. 박물관이나 박람회를 가는 일도 생각보다 쉽지 않다. 하지만 투자를 하다 보면 세계 유망한 기업의 정보를 알 수 있고 아이와 공유할 수도 있다.

삼성처럼 우리에게 친숙한 회사라면 투자의 결정이 쉽겠지만 다른 나라의 낯선 회사에 선뜻 투자하기는 힘들다. 또한 기술주나 미래산업에 관련된 주식은 변동성이 크기 때문에 더욱 그렇다. 그래서 관련 산업의 ETF에 투자하는 것도 좋은 방법이 될 수 있다. 특정 산업의 선두기업에 골고루 투자하는 효과가 있어 장기로 투자하기에도 마음이 편하다.

전 세계 로봇산업에 투자하는 BOTZ ETF

대표적인 로봇 BOTZ ETF는 드론기술, 헬스케어 로봇, 인공지능과 머신러닝 기술을 활용한 데이터 분석을 통해 매출을 창출하는 기업들로 구성되어 있다. 국가별 비중은 일본 45%, 미국 37%, 스위스 11% 정도로 주로 일본과 미국의 로봇 관련 기업에 투자하는

ETF다. 업스타트 홀딩스(AI 대출 플랫폼), 키엔스(공장 자동화 구축 1등 기업), 엔비디아, 인튜이티브 서지컬(다빈치 수술 시스템 및 관련 장비기업), ABB(전력,자동화기술 및 로봇공학기업), 화낙(산업용 로봇 1등 기업) 등의 기업이 포함되어 있다.

게임도 빠질 수 없지! HERO ETF

HERO ETF는 게임 개발 및 제작, 스트리밍 서비스, E-스포츠 주관 운용, 하드웨어 생산을 하는 기업에 투자하는 ETF다. 국가별 비중은 미국 29%, 일본 25%, 한국 17%, 중국 10%로 전 세계 게임산업에 투자한다. 엔비디아, Sea Ltd(동남아의 아마존), NetEase(중국 최대 게임 포털), 닌텐도, 넥슨 등의 기업이 포함되어 있다.

반려동물을 키우고 있다면 PAWZ ETF

전 세계 반려동물 관련 기업에 투자하는 PAWZ ETF는 헬스케어 분야가 약 50%를 차지하고 있다. 동물 진단키트, 의약품, 건강식품 제조, 펫 보안 회사 등에 투자하고 있다. 국가별 비중은 미국 68%, 영국 16%, 그 외 스위스, 독일, 프랑스 등이 있다. Zoetis(세계 최대 동물 의약품, 백신 개발제조), IDEXX Laboratories(수의학, 진단학), Dechra Pharmaceuticals PLC(영국 수의학 제품 개발), Chewy(동물 용품의 아마존),

FreshPet Inc(냉장 사료 제조) 등을 포함하고 있다.

네이버 금융(finance.
naver.com) > 국내증시 >
ETF에 들어가면 지수와 업
종, 원자재 등 상위 ETF의
정보를 확인할 수 있다.

만약 아이가 아이돌과 K
콘텐츠에 관심이 많다면,
TIGER 미디어컨텐츠를 검
색해보자.

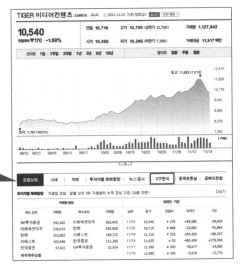

'ETF분석'을 클릭하면
상세 정보 확인 가능

ETF 분석에 들어가면 시세 및 주주현황, 상품 개요, 상품 설명, 순자산가치 추이, 거래량, 거래대금, 그리고 구성 종목을 알 수 있다.

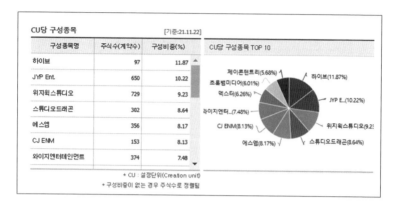

▼ 2 | 증권정보포털 세이브로에서 ETF분배금 확인

증권정보포털 세이브로(seibro.or.kr)에서도 시장지수, 투자전략, 섹터, 파생상품 등의 ETF 검색이 가능하다. 특히 ETF를 투자했을 때 받는 '분배금(배당금)' 지급현황을 유형별로 알 수 있어 용이하다.

TIGER 미디어컨텐츠의 분배금이 궁금하다면 ETF > 권리행사정보 > 분배금지급현황 > 유형(전체) > 🔍 > 운용사(미래에셋자산운용) > '미디어컨텐츠' 입력.

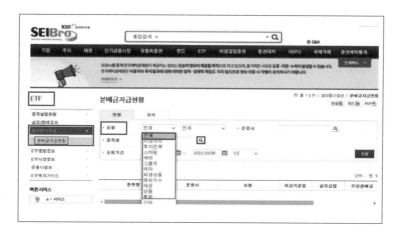

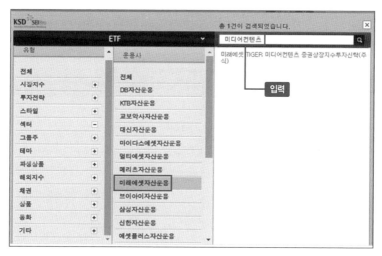

TIGER 미디어컨텐츠 ETF는 2015년 10월에 상장되었으므로 2016년부터 분배금 지급현황을 검색해보면 주당 분배금액과 실지급일까지 한눈에 알아볼 수 있다.

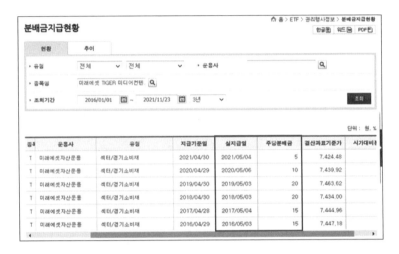

▼ 3 | 증권사 앱에서 ETF 검색

각 증권사 앱에서도 ETF 정보 검색이 가능하다.

미래에셋증권(m.Stock 앱) > 주식 > ETF정보 > Q

운용사 > TIGER(미래에셋) > 종목명(미디어컨텐츠) 입력

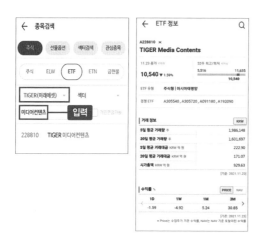

아이들이 좋아할 만한 산업의 ETF를 간단히 알아보았다. 자녀와 함께하는 투자에서는 '대화'가 중요하기 때문에 아이의 관심사를 먼저 파악하는 것이 중요하다. 앞에서 예시로 든 ETF를 그대로 따라 투자하기보다는 자녀의 흥미를 고려해 관심 산업의 ETF에 투자하길 권한다. 그리고 ETF에 포함된 주요 기업을 함께 공부하는 것도 좋은 방법이다. ETF를 활용하면 지구상의 모든 자산에 투자가 가능하다. 그만큼 종류가 무궁무진하다는 이야기다. 아이에게 알려주자. 세상은 넓고 투자할 기업은 많다는 사실을. 그리고 ETF 하나로 네가 좋아하는 회사를 세트로 구매할 수 있다고.

ETF 투자의 장점과 주의할 점

펀드와 ETF의 장단점 비교ㅣ

ETF 투자의 장점 3가지

1. 소액으로 투자할 수 있다

1주당 가격이 비교적 저렴해 적은 돈으로도 원하는 영역의 투자가 가능하다. 예를 들면 TIGER 미국 S&P500 ETF의 주당 가격은 약 14,350원(2021.12.기준)으로 애플 1주의 가격보다 싸다.

2. 실시간 거래가 가능하다

펀드의 경우 자산운용사에서 정한 특정일의 기준 가격으로 사고 팔아야 하지만 ETF는 주식처럼 실시간으로 언제든지 사고팔 수 있다. 단 펀드는 국내 상품 기준으로 환매신청일 포함 4영업일에, ETF는 매도일 포함 3영업일에 현금으로 찾을 수 있다.

3. 거래 비용이 저렴하다

ETF는 매수, 매도할 때 증권사에 지불하는 수수료가 매우 저렴하다. 총보수는 ETF를 출시하고 관리하는 자산운용사에 지불하는 비용으로 ETF 가격에 포함되어 있다. 최근 ETF 투자자 유치를 위한 경쟁으로 총보수가 더 낮아지고 있는 추세다.

ETF 투자 시 주의해야 할 점

1. 지수가 변경된다는 걸 알고 있자

기초지수는 구성 종목을 정기적으로 변경한다. 매력적인 종목은 추가되고 덜 매력적인 종목은 제외된다는 뜻이다. 한국거래소는 연 1~2회 주식형 지수를 변경하는데, 코스피200, 코스닥150의 구성 종목은 매년 5월, 11월에 확정한 후 6월, 12월에 변경한다. 지수 변경에 따른 주가 변동을 '인덱스 효과'라로도 하는데 지수 변경 뉴스가 나오면 신규 편입 종목의 주가는 상승하는 경우가 많다.

2. 동일 지수를 추종하는 ETF라도 가격은 다를 수 있다

2010년에 상장한 TIGER 나스닥100은 약 86,000원(2021.11.기준),

2020년에 상장한 KBSTAR 나스닥100은 약 14,000원이다. (2021.12. 기준) 서로 가격은 달라도 나스닥100 지수와 거의 비슷하게 움직인다. 결국 ETF의 주당 가격의 차이를 논하는 것은 의미가 없다는 말이다. 단, ETF 가격이 싸면 더 많은 수량을 사서 나누어 팔 수 있다는 이점이 있다.

3. 시가총액이 큰 ETF에 투자하자

매력적인 ETF에 투자금이 많이 몰릴 것이므로 시가총액이 큰 ETF 위주로 투자하는 것이 좋다. 운용 규모가 50억원 미만이거나 일평균 거래 규모가 500만원 미만일 경우 ETF도 상장폐지가 될 수 있다. 또한 시가총액이 작으면 유동성이 부족해 거래가 안 될 수도 있으므로 시가총액이 큰 ETF에 투자하도록 하자.

ETF도 상장폐지된다고?

ETF가 상장폐지된다고 하면 운용사에서 상장폐지 공지를 하기 때문에 미리 매도를 할 수가 있어요. 만약 상장폐지일까지 매도를 못 했을 경우라도 ETF를 청산하여 주식과 채권 등을 팔아 투자자들에게 돌려주기 때문에 투자금이 휴지조각이 될 일은 없어요.

4. 총보수가 저렴한 ETF를 고르자

동일한 기초지수라면 보수가 싼 ETF를 고르면 된다. 운용사 간의 경쟁이 치열할수록 총보수는 내려갈 수 있다. 다음 표에서와 같이 동일한 기초지수(코스피200)지만 운용사별로 총보수가 차이가 나는 것을 알 수 있다.

운용사별 ETF

ETF명	기초지수명	운용사	총보수(%)
KODEX200	코스피200	삼성자산운용	0.150
TIGER200	코스피200	미래에셋자산운용	0.050
KBSTAR200	코스피200	케이비자산운용	0.017
ARIRANG200	코스피200	한화자산운용	0.040
KINDEX200	코스피200	한국투자신탁운용	0.090

출처: 네이버 금융

5. 업종을 분산하자

기초지수가 동일하거나 비슷한 종목으로 구성되어 있는 ETF라면 분산투자의 효과가 떨어진다. 예를 들어 TIGER 미국 S&P500과 KINDEX 미국 S&P500에 분산투자하는 것은 의미가 없다. 두 상품의 상위 구성 종목을 살펴보면 동일하기 때문이다.

예를 들면 미국, 중국, 한국 등 나라별로 분산하거나 전기차, 헬스케어, 미디어컨텐츠 등 산업별로 ETF를 분산하면 위험부담이 줄어든다.

KINDEX 미국 S&P500		TIGER 미국 S&P500	
1	APPLE INC	1	APPLE INC
2	MICROSOFT	2	MICROSOFT CORP
3	BANK OF AMERICA CORP	3	BANK OF AMERICA CORP
4	AT&T INC	4	AT&T INC
5	PFIZER INC	5	PFIZER INC
6	COMCAST CORP	6	COMCAST CORP-CLASS A
7	CISCO SYSTEMS INC	7	CISCO SYSTEMS INC
8	EXXON MOBIL CORP	8	EXXON MOBIL CORP
9	VERIZON COMMUNICATI...	9	VERIZON COMMUNICATI...
10	WELLS FARGO & CO	10	WELLS FARGO & CO

다른 ETF라도 투자종목이 비슷하면 분산투자 X

펀드와 ETF 뭐가 다를까?

전문가 집단이 투자자들의 돈을 모아 주식, 채권 등 다양한 금융상품에 투자하는 것이 '펀드'입니다. 이렇게 모인 수백억원의 펀드자금은 손실 위험을 낮추기 위해 분산투자를 하는데, 펀드매니저의 투자 실력에 따라 수익률이 좌우될 수 있어요. 하지만 이는 투자자가 신경 쓸 부분이 적다는 의미이기도 해요. 펀드는 자산운용사, 판매회사, 수탁회사 등에 지급하는 비용 등 각종 수수료와 운용보수가 발생합니다. 수수료가 높은 펀드의 단점을 해결하기 위해 펀드 자체를 주식시장에 거래되도록 만들어 놓은 것이 바로 'ETF'예요.

ETF는 펀드와 달리 운용보수가 저렴하고 언제든지 사고팔 수 있어요. 하지만 주식처럼 가격이 변동되므로 사고파는 시점을 고민해야 합니다. 또한 ETF는 펀드에 비해 정보공개가 투명해 구성 종목과 각 종목의 보유 비중, 보유 수량, 가격 등을 실시간으로 알 수가 있어요.

나를 대신해서 전문가에게 투자를 맡기고 싶다면 펀드를, 내가 직접 사고팔면서 투자하기를 원한다면 ETF가 적합해요. 이처럼 자신의 투자 성향과 관심 분야, 직간접 투자에 대한 선호도에 따라 금융상품을 선택하고 분산투자를 시작하면 됩니다. 기억하세요. 분산투자는 안정적으로 투자를 지속할 수 있는 가장 쉬운 방법이란 것을요.

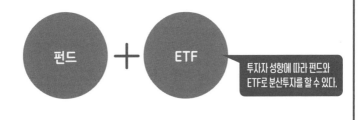

투자자 성향에 따라 펀드와 ETF로 분산투자를 할 수 있다.

19

우리 가족 투자 원칙,
자녀주식
'매도'는 없다

테슬라 주가가 하락하던 날 아들은 물었다

10년 이상 장기투자의 힘 |

　잠들기 전 아들은 가끔 묻는다. "아빠, 내 주식 많이 올랐어요?" 빨간색 숫자가 많이 보일수록 아들과 나의 얼굴도 밝아지곤 한다. 물론 수익률이 나쁠 때도 있다. 그럴 때는 풀이 죽어 있기보다는 주식이 떨어진 원인에 대해 함께 생각해본다. 주가의 오르내림을 계속 살펴보며 이유를 알아가다 보면 자연스럽게 경제의 흐름을 읽는 능력도 길러지기 때문이다.

　어느 날 아들이 아쉬워하며 물었다.

아빠, 테슬라 주식이 왜 이렇게 많이 떨어졌어요?

 기업의 주가는 기업의 가치로 결정되지만, 주식을 사고 싶은 사람들이 많으면 오르고, 반대로 팔고 싶은 사람이 많으면 내리기도 한단다. 얼마 전 테슬라의 CEO인 일론 머스크가 세금을 내기 위해서 자신이 소유한 주식 중 수조원을 판다는 뉴스가 있었거든.

 그럼 계속 이렇게 떨어지면 어떡해요?

 주식의 가격은 떨어졌지만 회사는 열심히 일하고 있지? 그렇다면 걱정 안 해도 된단다. 가격이 싸진 주식을 사고 싶은 사람들이 나타나면 주가는 다시 올라갈 테니까. 그러니 주가가 오를 가능성이 있는 주식을 찾는 게 중요하겠지?

 그런 회사는 어떻게 찾아요?

 주가는 회사의 영업 사정이나 이익 전망에 따라 시시각각으로 변하기 마련이지. 그래서 금융시장과 경제활동의 흐름을 잘 아는 것도 중요해. 보통 제품이 잘 팔려 이익을 많이 내는 기업이나, 앞으로 크게 성장할 여지가 보이는 기업들이 주가가 오를 가능성이 많단다.

 아하! 그럼 주가가 다시 오를 수도 있는 거네요?

 그렇지. 그런데 주가가 떨어졌다고 쉽게 팔아버리면 다시 그 회사 주식을 사기는 힘들어져. 미래사회를 주도할 기업은 장기적으로 보고 투자를 해야 큰 결실을 맺을 수 있어. 미래의 발전 가능성을 보고 투자하기 때문이지.

아빠보다 높은 아들 계좌 수익률의 비밀

주식투자를 하면서 팔지 않는다는 게 사실 쉬운 일이 아니다. 솔직히 내 계좌에 있는 주식은 당연히 사고팔면서 투자를 하고 있다. 그런데 시간이 지나 수익률을 비교해보니 부끄럽지만 아들 계좌의 수익률이 훨씬 높았다. 아마도 10년 후에는 수익률 차이가 더 크게 벌어져 있을 것 같다.

결국 미래 성장 가능성이 높은 회사에 투자하고 있다면, 크고 작은 이슈에 흔들리지 말고 장기적으로 투자하는 것이 유리하다. 팔지 않고 모아가는 투자가 노력 대비 성공 확률이 높은 것은 부정할 수 없는 사실이기 때문이다.

아들의 주식을 매도하지 않는 이유(feat. 절세)

자녀의 미래와 함께 성장할 회사를 찾았다면 꾸준히 모아가는 투자를 하면 된다. 단순하지만 쉽지 않은 방법이다.

사실 세금 문제를 생각해서라도 자녀주식을 단기로 매매하는 것은 좋지 않다. 상속세 및 증여세법에 따라 나중에 추가로 증여세를 납부해야 하는 상황이 발생할 수 있기 때문이다.

앞에서 말했다시피 세법상 아이 스스로 주식 거래를 할 수 없다고 판단될 때, 부모의 노력으로 증식한 재산을 증여한 것으로 간주

될 수 있다. 이는 국내와 해외주식에 동일하게 적용된다. 그러니 처음부터 팔지 않아도 마음이 편한 우량주나 충분히 분산된 ETF(상장지수펀드)에 투자하는 것을 추천한다. 나중에 자녀가 경제관념을 갖추고 투자 안목을 가지게 되었을 때 직접 거래하게 하는 것이 절세에도 도움이 된다.

 아들, 성인이 되면 네가 직접 거래도 하고, 세금도 내라!

해외기업 투자 시 양도소득세, 연말정산 기본공제 체크!

자녀와 함께 해외기업에 투자하고 있다면 특히 세금을 더 신경 써야 한다. 해외주식이나 해외 상장된 ETF를 사서 수

해외주식 양도소득세 초간단 신고방법 & 꿀팁

익을 내고 팔았을 경우, 국내주식과는 다르게 '양도소득세'가 발생하기 때문이다.

해외주식 또는 해외 상장 ETF를 처분했을 때 발생되는 양도차익에 대해 부과하는 세금을 '양도소득세'라고 하는데 매년 5월이 되면 작년 한 해 동안의 수익을 합산해서 양도소득세를 신고해야 한다. 양도소득금액의 20%는 양도소득세, 2%는 지방소득세로 총 22%를 납부하는데 이때 신고금액은 1년 동안 수익을 실현한 총 금액에서

팔아서 손실을 확정 지은 금액만큼을 차감한다.

　예를 들어 A회사의 주식을 팔아 400만원의 이익을 보고 B회사의 주식을 팔아 150만원 손실을 봤다면 총 250만원에 해당하는 세금만 내면 된다. 그런데 여기서 1인당 1년에 250만원의 공제 한도가 있기에 납부할 양도소득세는 '0원'이 된다. 즉, 수익과 손실을 통산해서 1년 동안 발생한 소득이 250만원이 넘지 않으면 양도소득세를 납부할 필요가 없다. 그리고 1월 1일부터 12월 31일까지 주식을 보유만 하고 매도하지 않았다면 세금 신고가 필요 없다.

　만약 부모가 직장에서 연말정산을 하는 경우 자녀 명의로 해외주식 또는 해외 상장 ETF에 투자해 수익을 실현한 금

액이 연 100만원을 넘는다면 그 해에는 기본공제대상에서 자녀가 제외된다. 1년 동안 실현한 수익이 250만원이 안 된다고 안심하고 있다가 나중에 연말정산으로 돌려받은 세금 중에 일부를 다시 내놓으라는 통보를 받을 수 있으니 주의해야 한다.

　일본의 유명한 애널리스트 우라가미 구니오는 주식시장에도 '봄, 여름, 가을, 겨울'이 있다고 말했다. 이는 주식시장은 보통 금리와 경기실적의 영향을 받는데, 마치 4계절을 돌듯 순환한다는 말이다. 기업의 실적이 좋으면 뜨거운 여름과 같았다가, 금리가 인상되고 소비가 위축되면 추운 겨울이 된다는 것이다. 사계절의 변화보다

심한 주식시장에서 원칙을 지키는 일은 무엇보다 중요하다. 우리 부부만의 자녀주식 투자원칙은 다음의 한 문장으로 요약될 수 있다. 아들의 미래와 함께할 유망 기업의 주식은 '매수만 있을 뿐, 매도는 없다.'

양도세, 증권사 신고 대행서비스 활용하기

1 양도세신고 대행서비스는 보통 증권사 앱으로 신청이 가능해요. 미래에셋증권의 경우 해외주식거래 앱(m.Global)에서 신청하면 됩니다.

2 메뉴 > 해외주식 > 양도소득세

3 먼저 양도소득세 조회를 클릭하면 현재까지 수익을 실현한 금액과 양도소득세를 한눈에 볼 수 있어요. 하단에는 종목별로 양도소득 금액을 확인할 수 있습니다.

4 양도소득세가계산을 클릭하면 현재 보유하고 있는 종목이 표시되고 해당 종목을 체크할 수 있어요. 이 메뉴는 연말이 되기 전에 양도소득금액을 조절할 때 활용하면 좋아요.

5 종목을 체크하고 양도소득세 가계산 결과를 보면 해당 종목을 팔았을 때 추가로 발생하는 양도소득금액과 예상되는 최종 양도소득세까지 확인이 가능합니다.

6 양도소득세를 확인했다면 마지막 양도세 대행신청을 클릭하고 등기로 받거나 이메일로 받는 것을 선택하면 증권회사에서 계약된 세무법인에서 세금납부서를 보내줍니다. 납부서는 양도소득세와 지방소득세로 구분되어 오는데 둘 다 납부하면 돼요.

'양도세 대행 신청'을 선택하고, 신고서의 수령방법을 선택하면 납부서를 받을 수 있다.

아들의 주식계좌 공개!
(feat. 수익률 200%)

아이의 용돈과 학원비를 모아 투자한 기업 수가 꽤 늘었다. 앞서 말한 바와 같이 아이의 증권계좌에 오래 두어도 안심이 될 만한 기업과 아이가 충분히 알고 있는 기업에 투자하며 현재까지 단 한 번의 매도 없이 보유하고 있다. 이 장에서는 아들에게 사준 주식 종목을 소개해보려 한다. 자녀와 주식투자 시 참고용으로만 활용하기를 바라며 특정 종목을 추천하는 의도는 없음을 미리 밝힌다.

아들 보유 주식 ① 네이버

네이버에서 영화 리뷰를 검색하고 모르는 영어단어를 찾고, 모은 용돈을 내밀며 네이버 장바구니에 담긴 물건을 사달라고 하던 아들은 네이버 주주가 되었다. 요즘은 제페토 세상에서 아이템을 만들며 시간을 보내기도 한다. 국내 1위 포털 서비스 네이버. 쇼핑과 광고, 간편결제, 금융서비스가 가능한 대표 플랫폼이다. 제페토(Zepeto), 웹툰, V LIVE 등 다양한 콘텐츠 사업으로 글로벌 시장을 확장하고 있으며, 네이버파이낸셜, 네이버 클라우드 등 76개의 회사를 보유한 거대기업으로 성장하고 있다. 네이버웹툰은 최근 세계 최대 웹 소설 사이트 '왓패드'를 인수하고, '왓패드 웹툰 스튜디오'를 미국 LA에 설립했다.

2021.10.기준

아들 보유 주식 ② 카카오

카카오 프렌즈의 라이언의 팬인 아들은 등교 전 카카오톡으로 친구와 시간 약속을 잡고 외출할 때면 카카오 맵으로 가장 빠른 길을 검색한다. 도서관에 없는 만화책을 카카오 페이지에서 찾아 읽고 카카오TV의 〈야인이즈백〉을 정주행하던 아들은 카카오의 주주가 되었다. 국내 시장 점유율 1위 메신저, 카카오톡은 커머스, 모빌리티, 페이, 게임, 뮤직, 콘텐츠 등 다양한 영역에서 수익을 창출하고 있다. 카카오 엔터테인먼트의 카카오웹툰은 대만, 태국에 진출하였으며 해외 콘텐츠 플랫폼 '타파스'와 '래디쉬'를 인수하여 콘텐츠 사업을 북미시장으로 확장하고 있다. 카카오 재팬의 '픽코마'가 일본 웹툰 시장 1위를 석권했고, 중국의 게임회사 텐센트와 합작을 통해 '포도만화'를 오픈했다.

2021.10.기준

아들 보유 주식 ③ 애플

아들은 성인이 되면 자신이 번 돈으로 아이패드, 애플워치, 애플카를 사고 싶다고 했다. 얼마 전 스티븐 잡스의 위인전을 읽고 검은색 티셔츠와 청바지를 따라 입던 아들은 애플의 주주가 되었다. 전세계 기업 시가총액 1위 기업 애플은 아이폰 신제품이 나올 때마다 흥행을 기록한다.

전 세계 애플 제품을 사용하는 유저들은 약 7억 명이 넘는다. 게다가 애플은 단순한 핸드폰과 PC(개인 컴퓨터) 제조·판매사가 아니라 IOS와 macOS라는 플랫폼을 통해 수많은 소프트웨어 서비스를 제공할 수 있는 플랫폼 기업이다. 아이폰 운영체제 iOS는 미국인 절반 이상이 쓰고 있으며, 전 세계 인구 20%가 사용하고 있다.

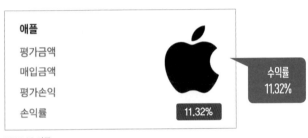

2021.10.기준

아들 보유 주식 ④ 마이크로소프트

윈도우10 사용자를 위한 무료 업데이트 소식을 알려준 아들은 주말마다 마인크래프트 세상에서 나무를 베고 집을 짓다가 마이크로소프트 주주가 되었다. 윈도우를 세상에 내놓은 세계 최대의 소프트웨어 업체 마이크로소프트는 '모바일 퍼스트, 클라우드 퍼스트'를 외치며 혁신을 꾀하고 있다. 마인크래프트 게임의 개발업체인 모장(Mojang)을 인수하며, 최근 공개한 '윈도우11'에서는 모바일 전용 운용체제 '안드로이드'를 PC에서 쓸 수 있도록 하여 호환성을 크게 높였다. 또한 클라우드 사업에 집중하며 전체 매출의 40%의 수익을 내고 있다.

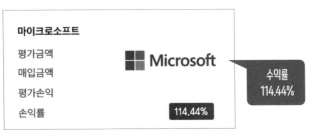

마이크로소프트

평가금액

매입금액

평가손익

손익률 114.44%

수익률 114.44%

2021.10.기준

아들 보유 주식 ⑤ 엔비디아

아들은 WHY 블록체인 학습만화를 읽고 난 후, 나에게 비트코인에 대해 열을 올리며 설명하곤 했다. 자신의 용돈을 모아 인공지능 스피커를 산 아들은 엔비디아 주주가 되었다. 인공지능 반도체 제조 1위 기업 엔비디아, 컴퓨터 GPU 설계회사로 외장형 그래픽 카드를 만드는 독보적인 회사다. 현재 비트코인 채굴용 GPU와 인공지능 학습용 GPU를 주로 생산하며 매출을 올리고 있다. 자율주행을 위한 인공지능 GPU를 테슬라, 아우디, 벤츠에 공급 예정이며, 클라우드 산업에서 중요한 데이터 센터용 반도체 시장까지 진출을 확대하고 있다.

엔비디아

평가금액

매입금액

평가손익

손익률 226.36%

수익률
226.36%

2021.10.기준

아들 보유 주식 ⑥ 월트 디즈니

코로나가 끝나면 디즈니랜드를 가는 걸로 알고 있는 아들은 〈아이언맨〉부터 〈블랙 위도우〉까지 마블 영화를 섭렵하며 디즈니 주주가 되었다. 세계적인 엔터테인먼트 회사인 월트디즈니는 영화, 애니메이션 등 수많은 콘텐츠를 가진 기업일 뿐만 아니라 테마파크, 스튜디오, 리조트, 크루즈 등 다양한 사업을 하고 있다. 영화 제작사 마블과 루카스 필름(스타워즈), 픽사, 21세기 폭스를 인수했으며, 내셔널 지오그래픽, DC 코믹스, 북미 1위 방송국 ABC와 스포츠 전문채널 ESPN을 소유하고 있다. 디즈니플러스와 훌루, ESPN플러스 등 자체 OTTO 스트리밍 서

월트디즈니

평가금액

매입금액

평가손익

손익률 24.85%

수익률
24.85%

2021.10.기준

비스를 시작했다.

아들 보유 주식 ⑦ 테슬라

여행 중 렌트한 전기차를 타본 아들은 테슬라의 주주가 되어 테슬라봇의 상용화를 기다리고 있다. 전기 자동차를 설계, 개발, 제조, 판매하는 대표적인 회사인 테슬라. 자율주행 소프트웨어, 충전소, 배터리 개발 사업과 태양 에너지 생산과 저장 사업도 추진하고 있다. 인공지능 로봇, 우주산업(스페이스 X), AI(오픈AI) 등 다양한 산업에서 혁신적인 성과를 내고 있다.

테슬라
평가금액
매입금액
평가손익
손익률 591.70%
수익률 591.70%

2021.10.기준

아들 보유 주식 ⑧ 버진 갤럭틱 홀딩스

우주여행의 꿈에 도전하는 괴짜 부자 리처드 브랜슨의 영상을 보고 덩달아 우주여행을 꿈꾸는 아들은 버진 갤럭틱 홀딩스의 주주가 되었다. 우주 관광 서비스를 실시하는 대표적인 회사로 미국 캘리포니아 모하비 사막에서 우주선을 개발하고 있으며 뉴멕시코에서 상업용 인프라를 운영 중에 있다. 이미 영화배우 레오나르도 디카프리오와 팝스타 저스틴 비버를 포함해 약 600명의 예약을 완료하였으며 예상 매출이 1억달러가 넘을 것으로 추측되고 있다.

2021.10.기준

아들 보유 주식 ⑨ 델타 에어라인스

성인이 된 기념으로 미국 투어를 꿈꾸는 아들은 델타 에어라인스의 주주가 되었다. 미국 4대 항공사 중 하나인 세계 최대 규모 항공사 델타 에어라인스는 매출의 99%가 항공기 운항에서 발생하고 미국인들이 선호하는 항공사로

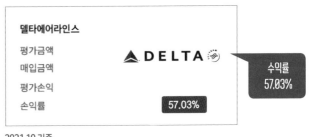

2021.10.기준

알려져 있다. 위드 코로나 분위기 속 해외 여행의 수요는 꾸준히 늘어날 전망으로 보인다.

아들 보유 주식 ⑩ 맥도날드

워런 버핏처럼 불고기버거 세트를 좋아하는 아들은 맥도날드 주주가 되었다. 이후 영화 〈파운더〉를 보며 맥도날드 탄생 배경을 함께 알아보기도 했다. 세계적인 패스트푸드 프랜차이즈 맥도날드는 120개 국가에 4만여 개의 매장이 있다. 매초당 버거 75개가 팔리고 매일 7,000만 명이 넘는 사람들이 맥도날드 햄버거를 먹고 있다. 맥도날드의 빅맥 가격을 기준으로 물가와 통화가치를 비교하는 '빅맥지수'가 있을 만큼 영향력 있는 기업이다. 다우존스 지수 30개 기업 중 하나로 배당 또한 꾸준히 증가하고 있다.

맥도날드
평가금액
매입금액
평가손익
손익률   16.05%
수익률 16.05%

2021.10.기준

아들 보유 ETF ⑪ SPY, QQQ

'내가 어른이 되었을 때 투자한 회사가 망하면 어떡하지?'라고 걱정하는 아들을 위해 미국에 상장된 대부분의 기업을 담고 있는 ETF도 함께 투자했다. 먼저 SPY ETF(SPDR S&P 500 ETF Trust)는 뉴욕증권거래소에 상장된 500개 기업을 기준으로 하는 미국 S&P500 지수를 추종하는 ETF다. 그리고 QQQ ETF(Invesco QQQ Trust Series 1)는 미국 나스닥에 상장된 기술주 중심의 100개 기업을 구성 종목으로 하는 나스닥100 지수를 추종하는 ETF다.

SPY와 QQQ는 미국을 대표하는 두 지수를 추종하는 ETF 중에서 시가총액이 크고 거래량이 가장 많은 ETF로 자녀가 장기투자 하기에 적합하다. 또한 미국의 대표지수들은 구성 종목을 정기적으로 조정하기 때문에 이러한 ETF에 투자하면 시기별 우량종목에 골고루 투자하는 효과를 누릴 수 있다.

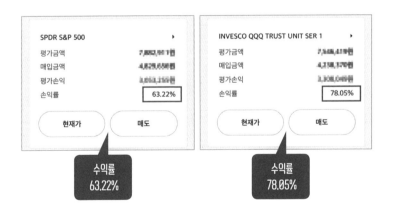

자녀와 함께하는 주식투자!
주의할 점은?

수익률에만 초점을 맞추면 교육 효과 제로!

올 한 해 신규 미성년자 계좌가 100만 개를 돌파할 것이라는 전망이 나올 정도로 자녀에게 주식 사주기 열풍이 불고 있다. 온라인 채널과 책에서 자녀를 주식 부자로 만들라는 조언이 넘쳐난다.

심지어 할아버지, 할머니까지 손주들에게 주식을 사주기 위해 증권회사를 방문한다. '내 자식이 학자금 대출을 갚느라 아까운 청춘을 허비하지는 않을까?' '보태줄 결혼 자금이 없어 고개 숙인 부모가 되는 건 아닐까' 하는 걱정은 부모라면 누구나 한 번쯤 해봤을 것이다.

이러한 걱정 때문에 무턱대고 자녀의 이름으로 투자를 시작했다가는 오히려 뼈아픈 교훈만 얻을 수 있다. 조급한 마음은 올바른 선택을 방해할 뿐만 아니라 자녀와 함께하는 투자에도 부정적인 영향을 미치기 때문이다.

자녀와의 투자 목적이 단순히 돈을 많이 버는 것이 되어서는 안 된다. 투자수익률에 따라 감정의 지배를 당하는 부모의 모습을 보며 아이들은 그러한 분위기를 그대로 흡수할 수도 있다. 급기야 '내가 투자한 회사만 경쟁에서 살아남으면 돼'라는 잘못된 생각을 할 수도 있다. 아이들이 투자를 단순히 포인트를 획득하는 게임으로 여겨서는 안 된다는 것이다. 자녀와 함께하는 투자는 좁게는 국내, 넓게는 세계를 이해하며 다양하고 깊이 있는 생각과 경험을 하는 정도로 먼저 접근해야 한다. 내가 일하고 싶은 회사 또는 내가 창업하고 싶은 회사의 주인이 된다는 생각으로 투자를 한다면 높은 수익률보다 훨씬 더 값진 교육이 될 것이다.

부모의 노후와 자녀의 미래를 함께 이야기하자

투자 과정을 자녀와 충분히 소통하지 않은 채 수익률에만 집착하다 보면 잘못된 선택을 할 수 있을뿐더러 생업에 지장을 받을 수도 있다. 그러니 단순한 재테크 교육을 벗어나 자녀의 경제적 독립심을 길러주는 교육으로 이어져야 한다. 부모는 자신의 노후를, 아이는 자신의 미래를 진지하게 고민한 후에 투자해야 한다는 뜻이다.

엄마와 아빠는 너희들이 어른이 되면 하고 싶은 게 많아. 그때쯤 되면 아빠는 퇴직했겠지? 엄마와 아빠는 책 읽는 걸 좋아하니까 노후에 함께 '책방'을 운영하고 싶어. 그때도 지금처럼 생활을 유지하려면 필요한 금액이 얼마나 될까? 책방 수입과 연금만으로는 부족할 수도 있을 거야. 그러니까 미리 준비를 해둬야 하지. 원하는 일을 하면서도 경제적으로 넉넉하게 살기 위해서는 늘 투자하는 습관을 가지고 있어야 해.

그럼 그땐 돈이 얼마나 필요할까요?

퇴직한 후에 연금을 바로 받을 순 없으니, 그 전까지 다른 일에 도전해야겠지? 그때도 지금처럼 유튜브를 찍고, 책을 쓰고, 강의를 하는 등 다양한 파이프라인을 만들 거야. 여기서 '파이프라인'이란, 내가 굳이 일을 하지 않아도 수익을 만들어주는 일종의 '돈 줄기'를 말해. 그리고 지금처럼 주식투자도 꾸준히 할 거야. 최소한의 생활비는 배당금으로 해결할 수 있도록 '배당주' 투자를 늘릴 생각이야. 엄마 아빠가 나이가 있어서 그때는 좀 더 안정적인 투자를 하는 게 좋거든. 달러나 금에 투자 비율을 늘리거나 상가나 아파트를 분양받아서 임대료를 받을 수도 있겠지. 그러면 지금 수입만큼은 충분히 벌 수 있을 거야.

저도 그럼 어른이 되면 하고 싶은 일 마음껏 할 수 있어요? 저는 저만의 실험실을 갖고 싶어요. 생각나는 건 무엇이든 손으로 만들어낼 수 있는 유튜버 '긱블'처럼요.

멋진 생각이다. 고등학교를 졸업하고 바로 대학을 간다면 관련 학과에 가서 실험을 마음껏 할 수 있어. 대학을 다니면서 아르바이트를 해서 돈을 모으거나, 네 계좌에 있는 주식을 일부 팔아서 실험실의 초기자금을 마련할 수 있겠지. 또 네가 필요한 자격증을 취득하는 데 쓰거나, 유학자금으로 쓸 수 있어. 아니면 실험실을 바로 만들 수도 있겠네. 그런데 실험만 하는 건 투자 대비 효율이 떨어질 수도 있어. 상품 가치가 있는 것을 개발해야 수익이 생기거든. 예를 들면 네가 개발한 것이 특허를 받거나 공모전에 출품해서 입상하게 되면 돈을 벌 수 있는 기회가 더 많이 생긴단다. 지금 네 주식계좌의 돈은 너의 미래를 위한 돈이야. 네가 어떻게 쓰고 싶은지, 진짜 하고 싶은 일이 뭔지 지금부터 잘 생각해보렴.

자녀 스스로 자신의 길을 당당히 걸어가길 원하지 않는가? 그렇다면 투자를 시작할 때 아이들이 미래 모습을 적극적으로 상상해보도록 하자. 어떤 가치를 추구할 것인지, 어떻게 돈을 쓸 것인지에 대한 이야기도 수시로 나눠보면 좋다.

이와 더불어 자녀와 함께 세상을 바라보는 안목을 기르며, 위기 상황에서 기회를 발견하고 그것을 배움의 계기로 활용하는 현명한 부모의 모습을 보여준다면 자녀와 함께 시작하는 투자는 성공적일 수밖에 없을 것이다.

자녀를 100억 자본가로 키우려면?

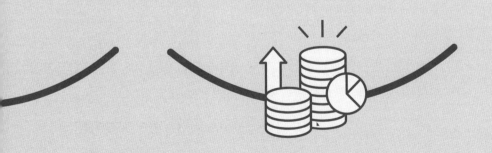

22 자본가 가족이 되기 위한 3가지 실천법

1. 가족의 자산 현황 솔직하게 공유하기

맛있는 걸 사 먹고, 아픈 곳을 치료하고, 누군가를 위해 마음을 표현할 때도 돈이 필요하다. 대부분의 일상이 알고 보면 돈과 관련이 있지만, 이상하게 어른들은 아이들에게 돈에 대해 직접 말하기를 꺼린다.

하지만 자본가 가족이 되기 위해서는 이제부터 달라져야 한다. 사업을 시작할 때에도 자신의 경제 상황과 초기 자본 파악이 중요하듯 가족의 재정상태를 함께 점검하고 자산 현황을 공유하는 것이 무엇보다 중요하다. 가정 내 주 수입원과 지출의 정도, 부동산 자산, 금융 자산, 대출 규모에 대해 부부가 함께 점검하고 계획을 세우는 모습을 자녀 앞에서 스스럼없이 자주 보여주자. 아이들이 자연스럽게 가정의 경제 상황에 관심을 가지고 대화에 참여하는 것이 자본가 가정이 되기 위한 첫 번째 단계가 될 것이다.

2. 부모 먼저 뉴스와 신문을 보자

경제 공부를 한다는 건 세상을 바라보는 법을 배우는 것이다. 경제가 위기 상황일 때 그 이유가 무엇인지, 그것이 우리의 삶과 어떤 관계가 있는지 아는 것은 어렵지만 중요한 일이다.

영어 공부를 할 때만 흘려듣기가 필요한 것이 아니다. 어렵고 낯선 경제용어에 익숙해지려면 경제뉴스도 흘려듣기를 해야 한다. 부모가 먼저 뉴스와 신문을 보자. 그중에서 자주 언급되는 산업이 무엇인지, 대표 회사는 어느 곳이 있는지 관심을 가져보자. 미래 사회의 변화를 상상해보고 기업들이 어떤 준비를 하고 있는지 귀를 기울여보는 것이다. 그러면서 아이와 함께 이야기할 만한 소재 거리를 많이 확보해둔 다음 자연스럽게 대화의 주제로 삼아보자. 산업별, 기업별 이슈를 먼저 파악하고 있으면 아이와 함께 투자를 시작할 때에도 도움이 된다.◆

◆ 부모가 먼저 시작하는 경제 공부법은 책 맨 뒤의 <부록>을 참조하자.

3. 새로운 도전과 모험의 기회를 제공하자

아이들은 어른들보다 호기심과 열정이 많아 이것저것 도전하기를 두려워하지 않는다. 엉뚱한 상상력과 호기심은 다양한 경험을 할 수 있는 계기가 된다.

자기가 상상한 것을 실현하기 위해 실패를 두려워하지 않고 도전해보는 자세는 미래의 기업가로서 가져야 할 필수 자질이다. 자녀의 삶이 소비자와 노동자로 그치길 바라는 부모는 없을 것이다. 내 아이가 미래의 생산자와 기업가로 성장하여 자본가가 될 수 있다는 가능성을 항상 열어두자.

실제로 고등학생이 스타트업 공모전에 참가하여 받은 상금으로 맞춤식 곤충 사료를 생산하는 회사를 창업했다. 현재 억대 연매출을 자랑하는 기업으로 성장했고 앞으로 '곤충 건강기능식품' 개발로 사업을 확장해 나간다고 한다. 이처럼 유능하고 창의적인 아이들의 꿈을 안정적인 직장에 취업하는 것으로 한계를 그어선 안 된다. 먹는 것을 좋아하는 아이는 요리사와 영양사를 꿈꿀 수 있지만, 동시에 백종원 같은 기업가도 될 수 있음을 기억하자.

자본가로 키우기 위한 준비, 용돈관리

23

아이와 함께하는 투자, 자연스러운 분위기가 중요

자녀 용돈 체크리스트 |

카카오와 테슬라, 디즈니 등의 주식을 아이들에게 사주고 나서 달라진 점은 "엄마 내가 받은 용돈 ○○원 중에 ○○원은 주식 사는 데 쓸래요"라고 스스로 이야기하는 것이다. 받은 용돈을 모아서 투자하는 기업이 늘어날수록 아이들도 자신의 미래가 한층 더 밝아질 것이라는 기대를 하게 되었다.

혹시 이 글을 읽고 "이제부터 너의 용돈 절반은 주식투자를 하는 데 쓸 거야"라고 말하는 부모는 없기를 바란다. 아이들과 함께하는 투자는 자연스러운 분위기에서 시작해야 한다. 용돈의 운용 주체는 바로 아이들이다. 강요에 의한 투자는 거부감만 남긴다는 것을 잊지 말자.

용돈관리, 지나친 간섭은 피해야……

자녀의 용돈으로 주식투자를 시작하기 전에 짚고 넘어가야 할 것이 있다. 아이에게 용돈을 줄 때 '엄마와 아빠는 너를 믿는다, 너의 선택을 존중한다'라는 뜻을 반드시 전해야 한다. 용돈을 언제, 얼마만큼 주는지도 중요하지만, 용돈을 주고 어디에 쓰는지 일일이 간섭을 하지 않는 것이 더 중요하다.

아이를 믿고 소비의 자유를 허용해주면 어떨까? 아이가 돈을 쓰면서 스스로 터득한 깨달음만이 진정한 배움이 되기 때문이다. 자신이 받은 용돈을 '꽝'만 나오는 뽑기에 써서 허무함도 느껴봐야 하고, 누군가를 위한 선물을 사서 뿌듯함도 느껴봐야 한다.

매일 뽑기만 하고 달고나, 사탕만 사 먹어도 일단은 한 걸음 뒤로 물러서서 지켜봐주자. 분명 머릿속으로는 자기만의 계획을 세우고 있을 것이다. '아, 또 꽝이 나왔네. 뽑기 그만하고 다음에는 돈 모아서 갖고 싶었던 5색 볼펜을 사야지' 하고 말이다. 이렇듯 소비의 경험이 풍부한 아이들은 자신의 용돈을 제대로 관리할 수 있게 된다. 다양한 경험을 통해 돈의 소중함을 느끼면 돈을 허투루 쓰지 않고 투자에 있어서도 긍정적인 마인드를 가지게 된다.

기본 용돈과 추가 용돈 나누어 주는 것을 추천

5학년과 2학년인 두 아들은 일주일에 각각 3,000원과 1,000원씩 용돈을 받는다. 이건 어디까지나 '기본 용돈', 즉 월급으로 비유하자 면 기본급에 해당하는 돈이다. 기본 용돈이 학교 앞 문구점의 물가 와 다소 차이가 나는 걸 알기에 나는 추가 용돈인 '성과급'을 별도로 주기로 했다.

예를 들면 심부름을 하고 집안일을 돕거나, 동생에게 구구단을 가르쳐주거나 책을 읽어주면 성과급(추가 용돈)을 받을 수 있다. 조금 은 야박해 보일 수 있지만 '세상에 공짜는 없다'라는 이치를 깨닫기 위한 과정이다.

내가 원하는 걸 얻기 위해서는 노력, 인내, 정성을 쏟아야 한다는 것을 알게 해주고 싶었다. 우리 부부가 동업자라면 두 아들은 우리 가 운용하는 회사의 신입사원이다. 가정 내 경제 상황을 함께 공유 하고 각자의 방식으로 생산 활동을 하는 구성원이기 때문이다. 가 정 내에서 사회생활을 미리 해보는 일, 언젠가 홀로서기를 할 두 아 들을 위한 또 하나의 투자라 생각한다.

실천법 1 용돈관리 책임은 본인에게 있다는 것을 알려준다

용돈으로 산 샤프를 잃어버렸다며 아들은 울상을 지으며 집으로 왔다. 울 것 같은 표정에 '엄마가 다시 사줄게'라고 말하고 싶었지만 참았다. 평소에 '네 용돈은 네가 관리하는 거야'라고 입버릇처럼 말한 효과가 있었다. 샤프가 들어 있는 가방을 찾기 위해 아들은 관리사무실마다 자신의 연락처를 남기고 연락을 기다렸다. 며칠째 연락이 없자 급기야 '초록색 가방을 찾습니다'라는 전단지를 만들어 아파트 입구마다 붙이는 최선의 노력을 했다. 자신의 용돈을 스스로 관리하며 큰맘 먹고 산 샤프가 아들에게는 특별했던 것이다.

아이들이 첫 용돈을 받으면 그 자리에서 다 쓰는 경우도 있고, 잃어버리는 경우도 있다. 용돈을 또 달라고 요구하더라도 일단은 단호하게 거절해보자. 용돈을 받았다면 용돈에 대한 책임을 스스로 져보도록 해야 한다. 자기통제력과 조절력은 이러한 작은 경험들이 모여서 길러진다. 그러니 엄마들이여! 아이가 아무리 불쌍해 보여도 약해지지 말자.

실천법 2 친구들과 돈거래를 하지 않도록 한다

용돈을 받으면 간혹 친한 친구에게 돈을 빌려주거나 그냥 줘버리는 경우도 있다. 어버이날이나 명절에 돈을 주고받는 어른들 모습을 보고 착각한 탓이다. 아이들에게 돈은 친한 친구 사이라도 서로 빌리거나 빌려주지 않는 것이 좋다고 미리 알려주는 것이 좋다.

돈을 쉽게 빌려주다 보면 덩달아 돈을 빌려달라고 하는 친구들이
생겨 곤란한 상황에 빠질 수 있기 때문이다.

실천법 3 많은 돈을 가지고 다니지 않도록 한다

명절이나 어린이날, 생일이 지나면 받은 용돈을 자랑하고 싶어
몰래 학교에 가져가는 경우가 있다. 아이의 마음은 이해가 되지만
학교에 가지고 다닐 수 있는 금액을 상의하여 미리 정해놓는 것이
좋다. 돈은 과시용 수단이 될 수 없을뿐더러 너무 많은 돈을 가지고
다니는 아이들 주변에는 크고 작은 문제가 항상 발생하기 때문이다.

실천법 4 용돈을 어디에 썼는지 공유하도록 한다

용돈 기입장을 쓰면 좋겠지만, 엄마들도 가계부 쓰기가 힘들 듯
이 아이들도 그렇다. 보통 아이들의 경우 엄마가 묻지 않아도 스스
로 이야기한다. "오늘 용돈 1,000원 썼는데 500원은 슬러시 사 먹고,
500원은 뽑기 하는 데 썼어요." 아이가 신나서 이야기하면 그냥 웃
어주기만 하면 된다. 그러면 자연스럽게 용돈의 사용처를 알 수가
있다. 돈에 대해 자연스럽게 이야기할 수 있는 분위기가 조성되면
용돈 기입장까지 굳이 쓸 필요가 없을 것이다.

실천법 5 지갑을 가지고 다니도록 한다

돈을 소중하게 다루는 습관을 어릴 때부터 기르게 하는 것이 좋

다. 동전과 지폐가 수시로 가방에서 굴러다니면 분실 위험이 있을 뿐더러 돈을 귀하게 생각하지 않게 된다.

'돈은 인격체이다. 돈은 인격체가 가진 품성을 그대로 갖고 있기에 함부로 대하는 사람에겐 돈이 가지 않는다.' 김승호의 책 《돈의 속성》에 나오는 글이다. 용돈을 주면서 아이에게 꼭 말해주자. "돈을 함부로 대하는 사람에게는 돈이 모이지 않는단다."

실천법 6 충전식 현금카드를 쓴다면 스스로 관리하도록 한다

아이들은 어른들이 하는 건 무조건 따라 해보고 싶은 마음이 있다. 카드를 주로 쓰는 어른들을 보며 '나도 카드를 한번 써보고 싶다'란 생각을 할 것이다. 요즘에는 편의점에서 충전식 현금카드를 청소년들을 대상으로 판매한다. 교통카드 기능과 각종 할인, 포인트 적립이 되는 카드다. 아이가 이런 카드를 사용하고 싶어 하면, 받은 용돈으로 스스로 충전하고 잔액을 관리하도록 하는 것이 좋다. 계획에 맞춰 소비해보는 습관, 카드 사용을 하면서도 얼마든지 기를 수 있다. 문명의 혜택을 누려야 할 때는 누리면서 할인받는 방법을 알아가는 것도 좋다.

엄마도 아이도 즐거운
생활 속 경제교육 7가지

24

경제교육의 핵심은 선택과 기회비용 |

경제를 알면
경제력을 갖출 수 있다?

자본가 가족이 되기로 마음먹었다면 먼저 '경제'와 친해질 필요가 있다. 각종 매체를 통해 경제라는 용어는 자주 접하지만 정확한 의미를 알기란 쉽지 않다. 경제의 사전적 정의는 인간의 생활에 필요한 물건이나 노동을 생산, 분배, 소비하는 모든 활동 또는 그것을 통하여 이루어지는 사회적 관계를 말한다.

또한 경제라는 단어의 탄생이 '경세제민(經世濟民)'에서 비롯되었다고도 한다. 경세제민은 '세상을 다스려 백성을 구한다'라는 뜻이다. 이 말을 다르게 조합하면 '국민들이 바로 서면 나라를 구할 수 있다'는 의미도 된다. 두 번째 의미가 더 와닿는 이유는 무엇일까? 민주주의, 자본주의 체제로 거듭나면서 국민으로서의 역할과 의무가 보다 중요시되었기 때문이다. 경제력을 갖춘 국민들이 늘어나면 당연히 국가의 경쟁력도 높아지는 것처럼 말이다.

또한 우리는 소비를 할 때 '경제적'이란 말을 많이 쓴다. 경제적인 소비의 핵심은 '기회비용'에 있다. 기회비용이란, 하나를 선택했을 때 나머지 포기되는 가치(즐거움)를 나타내는 것으로 현명한 선택의 중요한 기준이 된다. 생활비를 아껴 10만원이 생겼다고 해보자. 신발을 살지, 삼성전자 주식 1주를 살지 고민이라면, 둘의 기회비용을 따져 더 큰 만족감을 주는 쪽을 선택하면 된다.

물론 사람마다 선택의 기준과 만족의 정도가 다르기 때문에 기회비용을 일일이 따지기는 어렵다. 하지만 이를 통해 자신만의 명확한 기준을 파악하며 더 나은 선택을 위한 지혜를 얻을 수 있다. 즉 현명한 선택과 소비를 하는 사람이 현명한 투자도 할 수 있다는 것이다.

경제 공부에 재미를 붙이려면

경제 공부를 위해서는 경제용어를 제대로 파악하고, 사회, 정치, 문화 등 다방면의 흐름을 함께 알아야 한다. 그뿐만 아니라 나라들

간의 이해관계와 정책을 아는 것도 도움이 된다. 그렇다고 지나치게 전문적인 내용을 공부하면 흥미가 떨어질 수밖에 없다. 소화할 수 있을 만큼만 꾸준히 하면 된다. 생활 속에서 내가 투자한 기업의 성과와 관심 산업의 발전과정을 지켜보면 흥미를 잃지 않고 공부를 이어나갈 수 있다.

3년 전 테슬라 주주가 되었을 때 내가 사는 지방에는 테슬라 매장이 없었다. 하지만 이제는 주차장이나 도로에서 테슬라 차를 쉽게 볼 수가 있다. 얼마 전에는 내가 사는 동네에도 테슬라 매장이 생겼다. 테슬라 매장을 지나갈 때마다 사람들이 얼마나 붐비는지 살펴보기도 하고, 고속도로에서 테슬라 차가 몇 대 지나가는지 아이들과 세어보기도 한다. 아이들과 테슬라에 대한 최신 기사를 함께 읽어보며, 인공지능, 빅데이터, 우주 인터넷, 로봇 산업에 관심을 가질 수 있었다.

또한 일상 속에서 경제 작동원리를 파악하다 보면 자연스레 경제 감각을 익힐 수가 있다. '달걀, 우유, 원두 값이 왜 오르는지, 보험료는 왜 오르는지' 등 우리 생활과 밀접한 관련이 있는 내용부터 살펴보자. 생활 주변에서 벌어지는 일에 관심을 가지고 뉴스와 기사를 보다 보면 낯설었던 경제용어도 점차 익숙해질 것이다.

아이와 함께 실천하는 생활 속 경제교육

실천법 1 마트 전단지와 친해지기

마트 전단지는 경제관념을 익히는 데 아주 좋은 학습자료다. 전단지를 보며 각종 과일, 채소, 공산품 가격의 변동 폭은 물론, 할인율 등을 파악할 수 있기 때문이다. 얼마 전 대파 값이 3배 가까이 상승한 적이 있다. 전단지에 적힌 대파 가격을 보다가 아들에게 말했다.

대파 값이 엄청 올라서 요즘 '파테크' 하는 사람들도 있대.

엄마, 파테크가 뭐예요?

대파를 사 먹으려면 비싸니까, 집에서 대파를 뿌리째 흙에 심고 길러 먹는 거야. 그럼 돈을 아낄 수도 있겠지?

근데 왜 파 값이 갑자기 비싸진 거예요?

지난여름에 장마가 길었고, 겨울에는 폭설이 내려서 파를 키우기 쉽지 않았대. 게다가 코로나 때문에 일손도 부족하고, 외식 대신 집밥 먹는 사람이 늘어 대파 사용량도 늘었지. 경제에는 수요와 공급 법칙이라는 게 있거든. 말하자면 생산량보다 원하는 사람이 많아지면 그만큼 가격은 오르고, 그 반대면 가격이 내려가는 거란다.

이렇듯 전단지만 들여다보아도 아이와 함께 사회, 과학, 경제 분야에 관해 폭넓게 대화를 이어갈 수 있다.

실천법 2 **장 보기 전에 함께 리스트를 작성한다**

나는 장 보러 가기 전, 아이들과 함께 전단지를 보며 리스트를 작성한다. 할인율이 높은 제품을 알아보고 묶음 상품들도 꼼꼼히 체크해둔다. 마트에서 장을 볼 때 가격이 비슷한 제품을 발견하면 1g당 최저 가격 찾기 미션을 주기도 한다.

우리 치즈 사기로 했지? 가격이 비슷해 보이는데 이 중에서 가장 저렴한 거 네가 한 번 골라볼래?

가격표 아래 1g당 적힌 숫자로 비교하면 되는 거지요? 아! 안 적혀 있는 건 계산해봐야겠다.

아이는 매의 눈으로 작은 숫자 하나하나를 비교하고는 뿌듯한 얼굴로 치즈 한 묶음을 찾아왔다. 리스트를 작성해서 마트에 가는 편이긴 하지만 막상 시식 행사나 이벤트 상품이 있으면 유혹에 빠지기가 쉽다. 그래서 필요해서 사야 하는 것을 먼저 장바구니에 담고, 세일이나 행사를 해서 갑자기 사게 된 물건들은 아이들과 한 번 더 의논한 뒤 담는다.

물건을 고른 뒤 결제를 할 때에도 절약할 수 있는 방법을 비교한 후 선택한다. 현금 또는 상품권으로 결제했다면 거스름돈을 확인하고, 카드나 페이로 결제할 경우는 영수증이나 알림 메시지를 아이들과 함께 확인하는 것이 좋다.

실천법 3 뉴스를 보며 재미있는 대화 이끌어내기

나는 식사 준비를 하며 늘 뉴스를 듣는데, 하루는 '중고차 가격'에 관한 뉴스가 나왔다. 얼마 전 할아버지가 산 중고차를 함께 탔던 기억이 난 아이들은 뉴스 내용을 궁금해했다.

요즘 중고차 가격이 많이 올랐네.

왜요?

새 차 사려면 오래 기다려야 해서 그렇대.

왜 기다려야 하는데요?

차 안에 들어가는 '반도체'가 부족해서 자동차 공장이 멈췄대.

반도체가 뭔데요?

전기가 통하는 물체를 도체, 전기가 통하지 않는 물체를 부도체라고 하는데 필요에 따라 도체가 되기도 하고, 또 부도체가 되기도 하는 것을 '반도체'라고 해. 반도체는 모든 가전제품과 자동차에 사용되고 있어.

그런데 반도체가 왜 부족한데요?

올해 초 미국 텍사스에 내린 폭설 때문에 거기에 있는 엄청 큰 반도체 공장이 오랫동안 문을 닫았어. 게다가 차량용 반도체를 만들던 회사들이 컴퓨터나 노트북에 들어가는 반도체를 만들기 시작하면서 그렇게 됐어. 코로나 때문에 원격 근무와 수업을 하다 보니 자동차보다 컴퓨터나 노트북이 필요한 사람이 더 많이 늘어났기 때문이겠지.

아! 그러면 반도체 가격도 중고차처럼 비싸지겠다. 사려는 사람은 많은데 팔려는 사람이 적으면 비싸지는 거잖아요?

가격이 오르고 내리는 것은 이처럼 기후와 바이러스, 자연재해 등 예상치 못한 변수가 작용하기도 한다. 중고차 가격 이야기를 했을 뿐인데 아이들은 수요와 공급의 법칙을 이해하고, 반도체의 개념과 종류에 대해서도 알게 된다. 이처럼 생활 주변에서 일어나는 일을 산업과 관련시키면 아이들도 뉴스를 얼마든지 재미있게 들을 수 있다.

실천법 4 은행 광고를 보며 금융기관과 친해지기

은행 앞을 지나가다 보니 현수막에 큼지막하게 '특판 정기예금 최고 연 3.0%'라고 적혀 있었다. 아이가 나에게 물었다.

엄마, 저기 적힌 숫자는 뭐예요?

은행에 돈을 맡기면 그 대가로 주는 돈을 '이자'라고 하는데, 내가 100만원을 은행에 맡기면 1년에 3만원을 이자로 받는다는 뜻이야.

그럼 이자는 많이 받을수록 좋은 거네요?

이자는 오랫동안 돈을 맡기거나, 맡긴 돈의 금액이 클 때 또는 이자율이 높을 때 많이 받을 수 있어. 이자율은 이자를 정하는 비율인데, 다른 말로 '금리'라고도 해.

아하! 그럼 저축 많이 해서 이자를 많이 받아야겠다.

아이가 '이자'의 개념을 이해했다면 '대출'의 개념도 함께 알려주면 좋다.

만약 어떤 사람이 집을 사야 하는데 돈이 부족하거나 기업이 사업을 해야 하는데 자금이 부족하다면 어떻게 할까? 가장 쉬운 방법은 은행에 가서 돈을 빌리는 방법이야. 이것을 '대출'이라고 해. 보통 우리가 맡긴 돈을 빌려주지.

그럼 돈은 누구나 빌릴 수 있다는 거예요?

돈을 아무에게나 빌려주지 않아. 돈을 갚을 능력이 있는가, 즉 '신용'을 따져서 빌려주지. 이때 은행은 돈을 빌려주는 대가로 '대출이자'를 받는데 대출 이자율은 예금 이자율보다 높은 편이야. 예를 들어 100만원을 예금할 때 은행이 3만원 예금이자를 준다면, 100만원을 빌린 사람은 은행에게 4만원 정도의 대출이자를 줘야 한다는 이야기야.

대표적인 금융기관인 '은행'의 역할을 이해하는 것은 경제교육의 핵심이다. 돈은 금융기관을 통해 빌려주고 받으며 언제나 우리 주변을 맴돌고 있다. 다만, 이 과정이 눈에 보이지 않기 때문에 경제와 금융이 낯설고 어렵게 느껴질 뿐이다. 은행 점포가 점점 사라진다고 한다. 집 근처 은행이 있다면 이 기회에 아이들과 자주 드나들며 돈과 친해져보는 건 어떨까?

실천법 5 중고거래와 친해지기

아들이 용돈을 모은 돈으로 3D프린터를 사고 싶다고 했다. 새 제품을 사자니 용돈이 턱없이 부족해 당근마켓과 중고나라에 알림을 해두고 기다렸다. 새 제품을 바로 사지 않고 인내심을 발휘한 덕분에 20만원을 절약할 수 있었다.

또한 중고거래 하면 책을 빼놓을 수가 없다. 우리는 중고서점에 가는 것을 좋아한다. 안 읽는 책을 중고서점에 가져가면 현금이나 포인트로 바꿀 수 있고 원하는 책을 저렴하게 구입할 수도 있기 때문이다.

아이들에게 중고서점에 팔 책을 직접 고르게 한 후 책을 판 금액을 아들의 아이디에 적립해주면 직접 자신의 포인트를 관리하며 모으고 쓰는 재미를 느낄 수 있다. 아들이 책을 구경하다 팔았던 책과 같은 책을 발견하고는 궁금한 듯 물었다.

 똑같은 책인데 우리가 팔았던 가격보다 왜 더 비싸게 팔아요?

 똑같은 책이라도 중고책은 책 상태에 따라 가격이 다르게 정해져. 새것과 같이 깨끗한 책일수록 더 비싸게 팔리지. 그리고 책을 소독하고 포장하고 진열하는 직원들의 인건비와 건물 관리비 등이 추가되기 때문에 더 비싼 가격에 팔 수밖에 없어.

제품 가격에는 인건비, 광고비, 연구개발비 등 기업의 생산성을 늘리기 위한 비용이 포함된다. 이처럼 중고거래를 통해 가격 책정의 원리를 이해하고 물건을 소중히 다루는 습관도 기를 수가 있다. 소비자가 아닌 돈을 버는 생산자의 입장이 되어보는 일은 기업가로서의 자질을 기르기 위한 소중한 경험이 된다.

실천법 6 해외여행 대신 해외직구 시도하기

아이들은 몇 년 전 다녀온 베트남 여행 이야기를 아직도 자주 한다. 베트남에서는 원화 대신 달러나 현지 통화인 '동'을 사용했었는

네, 달러는 그나마 쉽게 볼 수 있어 친숙했지만 베트남 돈은 우리에게 생소했다.

20,000동은 우리나라 돈으로 얼마예요?

베트남 돈 20,000동은 1,000원으로 바꿀 수 있어. 끝에 있는 '0'을 빼고 나누기 2를 하면 쉽게 계산할 수 있지. 예를 들어 50,000동을 우리나라 돈으로 바꾸면 2,500원 정도가 되는 거지.

베트남 돈이 훨씬 싼 거네.

맞아. 우리나라보다 베트남 물가가 싼 편이야.

　나라마다 쓰는 화폐가 다르고 그 화폐의 가치도 다르다는 것은 여행을 통해서 직접 경험해볼 수 있으면 좋겠지만 코로나 때문에 그럴 수 없는 상황이다. 대신 요즘에는 해외 직구로 다양한 나라에 있는 물건을 손쉽게 쇼핑할 수가 있다.

　몇 년 전 아이와 함께 마트에 갔다가 장난감 코너에서 처음으로 '드론'을 보았다. 아이가 갖고 싶어 했지만 가격이 비싸 망설이고 있었다. 혹시나 하고 중국 사이트에서 드론을 구매할 수 있는지 알아보니, 똑같은 모델의 가격이 1/5 정도였다.

2주 뒤 중국에서 배송받은 드론을 가지고 아이는 한참 동안 재밌게 놀았다. 휴대폰 하나로 찾아보기만 하면 해외 어느 곳에서 파는 제품을 단 1~2주 만에 배송받을 수 있는 세상이다. 환율과 물가, 무역, 세계 경제 등은 이처럼 우리 생활과 밀접하게 연관되어 있다는 것을 아이에게 함께 알려주자.

실천법 7 온라인 콘텐츠 활용하기

코로나 때문에 체험학습을 자유롭게 갈 수 없는 안타까운 실정이다. 다행히 온라인 콘텐츠를 활용하면 경제 공부도 다양한 방법으로 가정에서 해볼 수가 있다. 아이들이 볼만한 경제 유튜브 채널을 비롯하여 어린이 대상 온라인 강의 플랫폼에서도 경제교육에 관한 강의가 업데이트되고 있다.

이 밖에 금융기관 홈페이지에서도 어린이 경제교육을 위한 보드게임 및 교재제공, 동영상 강의, 찾아가는 경제캠프 등 활용할 수 있는 정보가 풍부하다.

아이에게 유용한 온라인 경제교육 사이트

- 기획재정부 어린이 금융교실 | kids.moef.go.kr
- 한국거래소금융교육 | academy.krx.co.kr/main/main.jsp
- 금융감독원 금융교육 센터 | www.fss.or.kr/edu/main.jsp
- 한국은행 | www.bok.or.kr/portal/main/main.do
- 화폐박물관 | museum.komsco.com/museum
- 미래에셋 우리 아이 경제교육 | etone.wizsoft.kr/src/sub701090.php
- 삼성증권 청소년 경제교실 | www.samsungyaho.kr/index.php
- EBS 초등 창의체험 > 오 마이 미래 2035 | primary.ebs.co.kr/main/primary
- 어린이 경제신문 | www.econoi.com
- 온라인 라이브 키즈 스쿨 꾸그 | www.gguge.com

기획재정부 어린이 금융교실
(kids.moef.go.kr)

어린이경제신문(www.econoi.com)

미래에셋 우리 아이 경제
교육(etone.wizsoft.kr/
src/sub701090.php)

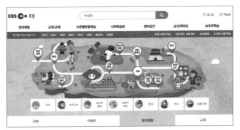

EBS 초등 창의체험 > 오 마이 미래 2035
(primary.ebs.co.kr/main/primary)

미래산업 투자 안목, 부모부터 키우자

아이들과 경제수업을 할 때 《열두 살에 부자가 된 키라》란 책을 항상 소개한다. 출간된 지 20년이 지났지만 아직도 어린이 경제도서로 널리 읽히는 유명한 책이다.

이 책의 주인공 키라는 '거위통장'을 만들어 부자가 될 준비를 한다. 여기서 거위통장이란 황금 알을 낳는 통장, 즉 투자를 위한 통장을 말한다. '거위통장에 어떤 기업의 주식을 넣을까?'란 주제로 함께 이야기를 나눌 때 아이들의 눈은 더 반짝이곤 한다. 자신들이 투자한 기업이 10년, 20년 후 얼마나 많은 황금알을 낳을지 궁금하기 때문이다.

요즘은 과학만화나 유튜브 채널, 학교 교과에서 '미래산업'에 대해 자주 언급되기 때문에 배경지식이 풍부한 아이들이 많다. 미래산업 분야에 관심이 없는 아이라도 괜찮다. 엄마는 신문과 뉴스를 통해서, 아이는 만화책을 통해서 서로의 정보를 공유하는 것부터 시작하면 된다.

궁금한 주제가 생기면 영상이나 영화를 찾아보고, 검색을 통해 새로운 지식을 아이와 함께 쌓아보자. 이러한 시간들이 모이면 결국 아이의 진로에도 긍정적인 영향을 줄 것이다. 앞으로 다가올 미래를 대비해 우리 아이가 단단한 창과 방패를 쥐고 있길 원하는가? 그렇다면 미래 사회를 가늠해보고, 관련 분야에 투자할 수 있는 지혜를 가지도록 도와주자.

부모가 현재 또는 과거의 정보나 경험에 의존해 세상을 바라본다면 아이들은 미래를 볼 용기를 가질 수가 없다. 아이와 함께 경제 공부를 하고 투자를 하고 싶다면 미래를 보는 눈을 키워야 한다. 세상은 우리의 생각보다 훨씬 빠르게 변하고 있다. 세상의 변화를 민감하게 받아들이는 일, 부모가 앞장서서 이끌어주면 어떨까?

미래산업 키워드 1 - 메타버스

메타버스란 초월을 의미하는 'meta'와 현실 세계인 'universe'의 합성어로 디지털 가상공간에서 이용자들이 서로 물품 거래와 창작을 할 수 있는 플랫폼을 말한다.

페이스북 CEO 마크 저커버그는 향후 5년 이내에 메타버스 기업으로 탈바꿈하겠다는 비전을 제시하며 회사명을 '메타(Meta)'로 바꾸었다. 마이크로소프트 CEO 사티아 나델라도 게임산업이 메타버스 경제로 진입 중이며, 누구든지 원하기만 하면 자사의 플랫폼에서 창작물을 판매할 수 있는 시스템을 개발할 것이라고 했다. 이처럼 세계적인 기업들이 앞다투어 메타버스를 주목하고 있다.

메타버스가 가상과 현실을 오고 가며 인류의 생활양식을 바꾸는 계기가 될 것인가는 여전히 미지수지만, 산업계에서는 하나의 거대한 트렌드로 굳어지고 있다. 소셜네트워크서비스(SNS), 게임, 광고, 엔터테인먼트, 결제, 블록체인은 물론 이를 실행하기 위한 가상현실(VR), 증강현실(AR)도 메타버스와 관련이 깊기 때문이다.

로블록스, 마인크래프트, 제페토, 동물의 숲을 모르는 아이들은 아마 없을 것이다. 이들은 메타버스를 기반으로 한 대표적인 게임이다. 그중 로블록스는 미국의 16세 미만 청소년 55%가 가입한 시가총액 약 88조원(2021.11.기준)의 거대 기업이다. 미국 10대들은 유튜브와 틱톡의 영상을 보는 것보다 로블록스를 하는 데 더 많은 시간을 보낸다고 한다. 단순히 영상을 감상하는 것보다 3차원의 가상 공간 현실에서 활동하는 것을 더 즐기고 있다.

이에 발맞춰 국내기업들도 메타버스 산업에 두각을 보이고 있다. 대표적으로 네이버Z에서 만든 제페토, BTS 소속사 하이브가 만든 위버스, SK 텔레콤에서 만든 이프렌드 등이 있다. 메타버스 장비 시장도 커지고 있는데 페이스북의 오큘러스, 애플의 VR 장갑, MS의 홀로렌즈, 구글의 글라스 등 영화에서 나올 법한 장비가 출시되고 있다. 코로나로 인해 매출의 직격타를 입은 디즈니랜드도 메타버스 서비스를 구축할 예정이다. 디즈니랜드를 가지 않아도 온 가족이 거실에서 불꽃쇼와 퍼레이드를 감상할 수 있는 세상이 곧 펼쳐진다는 것이다.

현실과 가상공간의 경계가 무너진 세상을 받아들이는 일은 낯설고 어렵다. 하지만 아이들은 그 세계의 문턱을 이미 넘어서고 있다. 메타버스와 같은 가상공간을 '두 번째 지구'라고도 한다. 새로운 삶의 터전인 두 번째 지구로 이주할 준비를 아이와 함께 해보는 건 어떨까?

미래산업 키워드 2 - 블록체인과 NFT

미래 기술로 불리던 블록체인 기술은 일상 속에 스며들고 있다. 블록체인이란 일종의 정보저장 기술로, 블록 안에 데이터(거래 내역)

를 저장해서 연결하는 것을 말한다. 블록에 담긴 데이터는 수많은 컴퓨터와 서버에 동시에 복제되어 사슬(체인)처럼 줄줄이 엮인 채 저장된다. 그래서 해커의 공격에 비교적 안전한 편이다. 이처럼 보안성이 뛰어난 것이 특징인 블록체인 기술은 안전한 정보처리 및 저장이 중요한 서비스에 영향력을 확대하고 있다.

코로나 이후 필수품이 된 '백신 여권(백신 접종 증명서)'과 국내 첫 디지털 신분증인 '모바일 운전면허증'에도 블록체인 기술이 뒷받침되었다. 그런가 하면 게임산업에서도 블록체인 기술이 요구된다. 메타버스와 접목된 게임산업은 단순히 즐기는 방식에서 벗어나 자신들이 만들어낸 창작물을 공유하며 경제활동을 하는 방식으로 변하고 있다. 이때 창작물 소유권을 확인하는 절차에 블록체인이 사용된다.

블록체인에서 유통되는 토큰 중 화폐로 쓰이는 것이 비트코인이나 이더리움과 같은 암호화폐라면, 가치 있는 '진짜'를 증명하기 위해 다른 파일과 연결하는 것이 바로 'NFT'이다. NFT는 '대체 불가능한 토큰(non-fungible token)'의 약자로 말 그대로 대체되지 않는 토큰, '디지털 인감도장'의 기능을 한다.

기존의 1만원짜리 지폐는 가치가 동일하기 때문에 서로 교환할 수 있는 반면, NFT는 각각의 토큰이 모두 다르며 가치도 저마다 다르기 때문에 가격도 다르게 매길 수가 있다. 이러한 NFT의 특성을 이용하여 소유권 입증과 진위 여부가 중요한 그림, 음악, 영상 등의 콘텐츠 분야에 NFT기술을 적용하려는 시도가 현재 이루어지고 있다.

또한 헬스케어, 금융, 부동산, 제조업, 물류 산업에서도 블록체인 기술이 활용되어 비용 절감과 투명성을 확보할 수 있게 되었다. 앞으로 블록체인을 기반으로 산업의 축이 이동된다고 한다. 이러한 새로운 흐름 속에서 대표 기업들의 변화를 주시해 보는 것도 흥미로울 것이다.

미래산업 키워드 3 - UAM

추억의 영화 〈제5원소〉에 등장하는 하늘을 나는 택시가 서울 하늘을 누빌 날도 머지않았다. 비행택시, 에어택시, 플라잉카, 드론택시라고 불리는 UAM은 도심항공교통(Urban Air Mobility)의 줄임말이다. UAM을 타면 승용차로 1시간 걸리는 거리를 20분 만에 갈 수 있다. 교통수단으로 UAM이 보편화되면 대도시의 교통체증, 대기 오염 문제를 해결할 수 있다. 이를 비용으로 환산하면 서울에서만 연간 429억원, 전국적으로 2,735억원을 절감할 수 있다고 한다.

국내에서는 2025년 상용화를 목표로 현대자동차그룹과 한화시스템, 한국항공우주산업(KAI) 등이 연구개발에 힘쓰고 있다. 해외에서는 미국 제너럴모터스(GM), 독일의 포르쉐, 일본 도요타 등의 완성차 업체들과 보잉, 에어버스 같은 항공기업, 그리고 모빌리티 서비스 스타트업들이 UAM 개발에 박차를 가하고 있다.

미국의 투자사 모건 스탠리에 따르면 전 세계 UAM 시장 규모는 2020년의 70억달러에서 2040년 1조 5,000억달러로 성장할 것이라고 전망하고 있다. 하지만 UAM이 상용화되기 위해서는 항공관제 시스템, 통신 시스템, 환승 센터, 이착륙장 등 여러 제반 시설이 갖춰져야 할 것이다. 더불어 안전문제, 자율주행 관련 규제도 함께 마련되어야 할 것이다. 하늘을 누비는 UAM이 과연 환경을 보호하고 시간을 아껴주는 착한 교통수단이 될 수 있을지 아이와 함께 관심을 가지고 지켜보는 건 어떨까?

미래산업 키워드 4 - 우주항공

아이들이 좋아하는 영화 중에 '우주'를 배경으로 하는 경우가 많다. 상상 속의 우주는 이제 '미래의 먹거리'가 되었다. 세계 굴지의 기업들이 경쟁적으로 우주산업에 투자하고 있기 때문이다.

대표적으로 테슬라의 스페이스X와 아마존의 블루 오리진이 달 착륙선 개발에 도전장을 내밀었다. 우주산업은 우주관광, 위성통신, 소행성 채굴, 우주식민지 건설 등 범위를 확장하고 있다. 버진 그룹의 리처드 브랜슨 회장, 아마존 창업자인 제프 베이조스와 같은 억만장자가 우주여행에 성공하면서 우주관광은 현실이 되었다.

이미 몇몇 기업이 우주 관광 티켓을 판매하고 있고 장기적으로는 비용도 낮아진다고 하니 마음만 먹으면 우주도 갈 수 있는 세상이 다가오고 있는 것이다.

위성통신 사업은 수백에서 수천 개의 위성을 저궤도에 띄워 지구 전역에 초고속 인터넷을 제공하는 사업이다. 위성인터넷 공급이 보편화되면 해외여행이나 출장 시에 로밍할 필요가 없고, 아마존 정글과 비행 중인 항공기 안에서도 초고속 인터넷이 가능해진다.

소행성 채굴 산업은 소행성에 가서 지구에 부족한 광물을 채굴하는 산업이다. 소행성에 매장된 광물자원은 추정 불가능할 정도의 가치가 있기에 어쩌면 미국 주도의 우주식민지 건설 사업은 당연한 일일지도 모른다.

이처럼 지구의 운명은 우주에 달려 있다고 해도 과언이 아니다. 온 가족이 함께 우주여행을 하는 그날까지 우주산업의 발전과정에 관심을 기울여보자.

미래산업 키워드 5 – 3D 프린팅

미래산업에서 3D 프린터는 빼놓을 수 없는 필수장비가 되었다. 기존 3D 프린터는 플라스틱을 재료로 하는 제품에 적합한 용도였지만 이제는 활용범위가 무궁무진하다.

보청기와 의수, 의족의 제작에 사용되는 건 물론, 인공 심장과 간, 안구 등의 의료산업 개발에도 활용되고 있다. 또한 세계적인 치킨 브랜드 KFC는 3D 프린터로 '치킨 없는 치킨'을 개발했다.

미래 식량문제를 해결하기 위해 식품공학과 3D 프린팅 기술의 접목을 시도한 것이다. 어디 그뿐인가? 3D 프린터로 육교와 주택 등 건축물도 지을 수 있다. 시간과 비용의 절약은 물론 건설 과정에서 생기는 산업 폐기물을 99%까지 줄일 수 있고, 이산화탄소 배출량도 줄일 수 있다.

최근에는 금속 재료를 이용한 '메탈 3D 프린팅'으로 기술이 발전하면서, 항공·우주 및 국방 분야에서도 각광받고 있다.

항공·우주 기업들이 3D 프린팅을 활용하는 가장 큰 이유는 개발 비용과 시간을 단축할 수 있기 때문이다. 그 예로 테슬라의 CEO 일론 머스크가 설립한 '스페이스X'의 로켓 엔진 부품을 3D 프린터로 제작해 몇 달이 걸릴 공정을 이틀로 줄였다고 한다.

또한 우주 식민지를 건설할 때에도 3D 프린팅 기술이 활용된다. 지구에서 필요한 부품을 보내면 수백억원의 비용이 들겠지만 3D 프린터를 이용하면 원하는 부품을 그 자리에서 만들 수 있기 때문이다. 2050년까지 화성에 식민지를 건설하겠다는 일론 머스크의 발언은 3D 프린팅 기술력의 발전을 예상했기 때문이 아닐까? 이처럼 3D 프린팅 기술은 이제 지구를 넘어 우주로 나아가고 있다. 지금 3D 펜을 가지고 노는 아이들의 직장은 지구가 아닌 우주가 될 수도 있다. 단순한 장난감을 가지고 노는 것을 넘어 우주의 미래도 상상해보면 어떨까?

미래산업 키워드 6 - 클라우드

우리는 어느 곳에서든 구름을 볼 수가 있다. 구름이 나를 따라다니는 건 아닐까 하는 착각을 할 정도다. 클라우드 기술이 발전하기 전까지는 컴퓨터나 저장매체 등에 정보를 저장했기에 정보 접근성이 높지 않았다.

하지만 클라우드, 즉 구름 속에 저장해놓으면 어디서든 찾아보는 것이 가능하다. 인터넷 세상에서 오고 가는 수많은 정보를 한곳에 모아두고 필요할 때마다 열람할 수 있는 것이 바로 클라우드 기술이다. 이 클라우드에 쌓인 데이터는 디지털 시대의 '금'이라 할 만큼 중요해졌다.

클라우드 속 데이터를 어떻게 세공하느냐에 따라 가치가 수십 배로 불어나기 때문이다. 이처럼 우리는 IT시대를 뛰어넘어 '데이터'가 중심이 되는 Data Technology(DT) 시대에 살고 있다.

이세돌을 가볍게 이긴 알파고는 구글의 클라우드에서 탄생했다. IBM에서 만든 인공지능 '왓슨'도 IBM 클라우드에 살고 있다. 인간과 인간이 만든 조직에서 만들어낸 의미 있는 데이터가 클라우드로 모이고 인공지능은 이 클라우드에 축적된 데이터를 바탕으로 훈련하며 진화한다.

개별 기업들이 수많은 데이터를 기록하고 저장하기 위해 서버를 구축하고 관리하며 보안까지 책임지기에는 한계가 있다. 이러한 한

계점을 극복하고 3억 명 이상의 구매 데이터를 1초 단위로 파악하며 맞춤 광고까지 가능한 것은 바로 클라우드 덕분이다.

클라우드 시장의 수요 증가와 발전 가능성을 앞서 예측한 아마존은 자회사 'AWS(아마존웹서비스)'를 통해 2006년부터 기업 대상 클라우드 구독서비스를 시작했다. 그 결과 아마존 영업이익의 54%를 차지할 만큼 폭발적인 성장을 일궈냈다.

넷플릭스, 에어비앤비, 미항공우주국(NASA)을 비롯해 국내의 삼성, LG, 넥슨, 쿠팡, 배달의민족 등이 아마존웹서비스를 이용하는 고객이 되었다. 마이크로소프트와 구글이 아마존의 클라우드 사업을 추격하고 있으며 우리나라의 네이버도 클라우드 사업에 전폭적인 투자를 하는 중이다. 그 결과 국내 100대 기업의 55%가 네이버의 클라우드 서비스를 이용하고 있다.

우리는 실시간 온라인 수업을 듣고 배달의민족이나 쿠팡이츠로 음식을 배달해 먹고 넷플릭스에서 드라마를 보는 것으로 하루를 마감한다. 이처럼 클라우드가 없는 생활은 상상할 수 없을 정도로 앞으로의 성장 가능성 또한 무궁무진해 보인다.

막 걸음마를 떼기 시작한 우리나라의 클라우드 시장이 얼마나 빠른 속도로 성장할지 아이와 함께 주목해보는 건 어떨까?

'탄소배출권', '탄소국경세'란?

얼마 전 넷플릭스에 공개된 영화 〈승리호〉는 2092년을 배경으로 한다. 영화 속 지구는 나무 한 그루 없이 먼지와 모래로 뒤덮여 낮인지 밤인지조차 구분할 수 없다. 오염된 지구는 결국 사막이 되었고 지구에서의 삶은 희망이 없다.

상상만 해도 끔찍한 일은 비단 영화 속 이야기만은 아니다. 지구환경 문제는 범국가적으로 시급한 과제가 되었다. 조 바이든 대통령의 당선 후, 미국은 파리기후변화협약에 재가입하고 지구환경 문제에 본격적으로 대응하고 있다.

'파리기후변화협약'이란 지구 온난화를 방지하기 위해 온실가스 배출을 줄이자는 합의안이다. 이에 따라 미국을 포함한 전 세계 대부분 국가가 '온실가스 배출량 제로'를 국가 과제로 내걸고 있다. 우리나라 또한 2050 탄소중립 비전을 발표하며 2030년까지 2018년 총배출량 대비 40%의 탄소 감축을 목표로 하고 있다.

또한 탄소를 줄이기 위한 노력의 일환으로 탄소배출권 거래제도가 2015년부터 실시되었다. '탄소배출권'이란 쓰레기 배출과 마찬가지로 탄소 봉투(배출권)를 사서 배출하는 것으로, 남은 봉투(배출권)는 이월하거나 다시 팔 수가 있다.

한국거래소에 따르면 탄소 배출권 시장의 연간 누적 거래대금은 2015년에 비해 최근 5년간 45배나 증가했다. 2023년부터 '탄소국경세(CBAM)'를 부과한다고 밝히며 유럽연합(EU)은 좀 더 강력한 정책을 더하고 있다. 탄소국경세란 수입품을 대상으로 해당 상품을 생산하는 과정에서 배출된 탄소량을 따져 비용을 추가하는 관세다. 전기, 시멘트, 비료, 철강, 알루미늄 등 탄소 배출이 많은 품목에 시범 시행한 후 2025년부터 본격적으로 시행한다.

탄소 배출 제재로 뜨는 수소산업

탄소 배출 제재는 산업구조 전반에 영향을 미치고 있다. 무엇보다 이산화탄소 배출이 불가피한 자동차, 정유, 화학, 제철 등의 산업계는 '수소'에 주목한다.

현대오일뱅크와 GS칼텍스 등 석유화학 업체는 생산 과정에서 발생한 이산화탄소가 제거된 그린 수소를 생산할 계획이며 SK도 오는 2025년까지 총 28만 톤의 수소를 생산, 유통, 공급할 예정이다. 현대차 또한 수소 전기차의 대중화와 수소연료 전지를 적용할 분야를 확대한다고 밝혔다.

이처럼 수소는 그룹의 생존 전략이라는 이야기다. 세계 내로라하는 기업들은 수소 사업에 뛰어들며 탄소 중립의 목표를 향해 나아가고 있다. 머지않아 수소생태계를 중심으로 수소경제, 수소사회로의 변화는 어쩌면 예견된 바이기도 하다.

테라포밍이 현실로?

지구의 수명 연장을 위한 다양한 시도들은 우주 밖에서도 활발히 진행 중이다. 아폴로 11호 이후 60여 년 만에 미국 주도로 유인 달 탐사 '아르테미스' 국제협력 프로젝트를 추진 중이다. 아르테미스는 한국을 포함한 전 세계 12개국이 참여해 2028년까지 달에 유인기지를 건설하는 것을 목표로 하고 있다. 이러한 프로젝트는 화성의 테라포밍을 위한 준비 과정이라 볼 수 있다.

'테라포밍'이란 지구가 아닌 다른 외계의 천체 환경을 인간이 살수 있도록 변화시키는 것을 말한다. 다시 〈승리호〉 이야기로 돌아가보자. 영화 속 우주 개발기업인 UTS가 테라포밍에 성공했다. "당신이 낙원에 끼지 못해서 심술이 난 것 아닙니까? 네 가족을 평생 저 아래(지구) 시궁창에서 살게 할 텐가?" UTS의 CEO 설리반의 대사다. 극 중 그는 사람들의 불안 심리를 이용해 지구 위성 궤도에 가상도시를 개발하고 이주사업으로 막대한 돈을 벌었다. 굴지의 기업들이 우주 사업에 뛰어드는 이유가 아마 여기에 있지 않을까?

<승리호>처럼 인공위성 쓰레기를 제거하는 기업이 있다고?

1957년 이후 65년 동안 발사된 인공위성은 1만 여기를 넘어섰다. 발사된 인공위성의 수명은 약 2년 정도로 지구처럼 우주도 쓰레기로 가득한 상황이다. '승리호'를 보내 우주 쓰레기를 청소하는 일은 2092년이 아닌 2021년에 이미 벌어지고 있다.

스위스의 클리어스페이스나 일본의 아스트로스케일과 같은 민간기업들이 청소용 위성을 보내 우주 쓰레기를 제거하고 있다. 영화 <승리호>에서 나온 '우주 작살'을 던져 쓰레기를 제거하는 방식도 '에어버스'라는 항공기 제조업체에서 개발 중이다.

제프 베이조스와 일론 머스크는 "인간의 지속 가능한 삶을 위해서는 우주로 나아가야 한다"라고 한목소리를 내면서 불꽃 튀는 경쟁을 하고 있다. 우주산업의 규모는 2022년 약 423조원에서 2040년 약 1,286조원까지 확대된다고 한다. 전 세계에서 수백조의 예산이 투자되는 만큼 오염 방지 기술 또한 함께 발전해야 한다. 만약 지구와 똑같은 방식으로 우주가 오염된다면, 이후 인간의 노력으로 해결할 수 있을지는 아무도 모르기 때문이다.

아이와 함께 지구와 우주의 미래를 이야기한다면?

북극의 빙하가 녹고 해수면이 상승으로 닥치게 될 위기를 걱정하는 나라가 대부분이라 생각했다. 하지만 얼마 전 뉴스를 통해 충격적인 사실을 알았다. 북극해 항로를 개척하고 해양 자원 개발에 촉을 세우며 빙하가 녹는 것을 반기는 나라가 존재했다.

자국의 이익을 위해서라면 지구 온난화 문제 정도는 침묵할 수도 있다는 이야기다. 쓰레기로 가득 찬 지구와 우주를 물려주며 '이것이 네가 살아야 할 미래야'라고 떳떳이 말할 수 있을까? 〈승리호〉영화처럼 선택받은 5%의 부유층만 살아남는 미래가 오지 않기를 바란다면 환경을 위한 기업들의 노력과 성과에 주목해야 한다.

협약을 맺고 규제를 강화하고 세금을 부과하는 것만큼이나 옥석을 가려내는 똑똑한 소비와 투자가 지구와 우주의 미래를 바꿀 수 있다고 믿는다. 지구와 우주의 미래는 곧 내 아이의 미래이니까.

가족 간 이야깃거리가 풍성해지는 SF영화 6편

1 │ 아바타(2009)

외계인을 만나면 어떻게 소통할 수 있을까? 이런 상상을 해봤다면 이 영화를 보면 궁금증이 풀릴 수도 있어요. 판도라 행성의 자원을 착취하려는 인간과 원주민(나비족)의 대립이 흥미진진한데요, 실제로 아바타의 감독이 우주 소행성 개발에 투자하고 있다죠?

2 │ 채피(2015)

인간과 같은 감정을 느끼며 성장하는 로봇이 있다면 어떨까요? 로봇과 인간의 대립과 갈등, 나아가 사랑까지 생각하게 만드는 꼭 한 번 볼만한 영화예요.

3 │ 주먹왕 랄프2(2018)

와이파이를 타고 인터넷 세상으로 들어가 돈을 벌고 인플루언서가 되는 랄프의 이야기. 아이들이 좋아하는 게임 속 세상 메타버스를 아기자기하게 경험할 수 있어요.

4 │ 레디 플레이어 원(2018)

<주먹왕 랄프>가 순한맛 버전이었다면 <레디 플레이어 원>은 매운맛 버전의 메타버스 영화예요. '오아시스'라는 가상 세계에 들어가 있는 것처럼 몰입감이 상당해요. 영화 속에 나오는 신기한 기술과 장비를 구경하는 재미도 쏠쏠합니다.

5 │ 미첼 가족과 기계 전쟁(2021)

무심코 버렸던 핸드폰이 세상을 지배하게 된다면? 로봇이 인간을 공격한다면? 기계와의 전쟁을 코믹하고 유쾌하게 그려내면서 가슴 뭉클한 가족애도 느낄 수 있는 영화예요.

6 | 프리 가이(2021)

자신이 사는 세상이 게임 속 세상인 줄 모른 채 살아가는 주인공 '가이'의 이야기예요. '프리 시티'가 가상의 세계인 것을 깨닫고 혼란에 빠지지만 이를 극복하고 히어로가 되어 프리 시티를 구하는 통쾌한 이야기의 영화예요.

코로나로 극장을 찾지 못할 때 넷플릭스나 왓챠를 이용한다.

자녀와 식탁에서 대화를 ❸
착한기업과 ESG

환경이슈와 연관된 ESG

환경에 대한 이슈만 나오면 목구멍이 뜨거워질 정도로 숨이 막힌다. 미래에 대한 긍정적인 마음을 갖고 투자하고 있지만 환경 문제 만큼은 무조건 낙관하기는 어렵다.

다행히 작년부터 자본시장의 흐름을 흔들고 있는 키워드가 있다. 바로 ESG다. ESG는 환경, 사회, 지배구조의 머리글자를 합친 용어로, 기업이 환경을 위해 노력하는지(E), 윤리적인 경영을 하는지(S), 지배구조가 투명한지(G)를 보여주는 지표다.

ESG는 재무제표에 적인 수치 대신 비재무적인 요소 즉, 기업이 추구하는 내재가치 평가를 위한 환경, 사회, 지배구조 이 3가지 영역을 중시하는 것이다.

기업의 지속 가능한 성장을 위한 경영 계획을 세우고 실천하는지가 투자의 판단요소가 되었다. 단순히 돈을 많이 버는 기업이 좋은 기업이 아니라 투명하고 옳은 방향으로 돈을 버는지가 중요하게 받아들여지기 때문이다. 앞으로 새로운 바이러스 출현은 계속 이어질 것이라 한다. 이러한 위험성을 인식한 많은 기업들은 ESG를 위기 관리 방안으로 내세우기 시작했다.

ESG 정보 공시 의무 제도 도입 ESG 수혜 기업은 어디?

유럽의 주요 국가들은 ESG 정보 공시 의무 제도를 도입했고 우리나라도 2025년부터 자산 총액 2조원 이상의 기업에게 ESG 의무 공시를 시작으로 2030년부터는 모든 코스피 상장사로 확대한다고 발표하였다.

세계 최대 자산운용사인 블랙록의 경영자 래리 핑크는 "기후변화는 기업의 장기 전망에 결정적 변수며, 이 문제를 고민하지 않는 국가와 기업은 추락할 것이다"라고 발언했다. 심지어 블랙록은 석탄 연료를 사용해 얻은 매출이 전체의 25% 이상인 기업의 주식과 채권을 처분하고 있다.

세계적인 자산운용사 대표와 대통령들까지 ESG 흐름에 따르는 기업만이 생존할 것이라고 전망한다. ESG를 하지 않는 기업은 투자가 중단되거나 제재를 받는 식으로 불이익을 감수해야 할지도 모른다. 그럼 ESG 경영을 잘하고 있는 기업은 어떤 곳일까?

워크맨으로 유명했던 소니(Sony)는 최근 소프트웨어, 미디어 기업으로 변신했다. 뿐만 아니라 1조엔의 순이익을 거둔 것은 물론이고 ESG 평가에서도 1위를 차지했다.(2020, 월스트리트 저널 선정)

소니는 2025년까지 제품 1대당 플라스틱 사용량을 10% 절감하고 소형 제품의 플라스틱 포장재를 폐지하기로 했다. 또한 사무실 온실가스 배출량 5% 절감, 총 전력 사용량 중 신재생 에너지의 비중 15% 이상 증가 계획을 수립했다.

그런가 하면 ESG 경영에 IT기술을 접목시켜 실적을 내는 기업도 있다. 바로 마이크로소프트(MS)다. 마이크로소프트는 2020년 지구의 물 부족 문제 해결을 위한 '워터 포지티브' 프로젝트를 발표했다. 2030년까지 전 세계 자사 캠퍼스의 물 사용량을 줄이고, 물 재활용 시스템을 통해 재생수 보급을 추진할 계획이다. 자사 클라우드 애저(Azure)로 현지 강수량, 지표수 양, 식물 성장 등 물 관련 데이터를 활용해 지역별 물 부족 문제에 대응할 수 있게 했다.

또한 해저 데이터 센터를 구축해 데이터 센터에 발생하는 열을 해수로 냉각시키고 필요한 전력은 조력과 파력으로 조달하는 방식을 개발했다. 이 밖에 마이크로소프트는 10억달러 규모의 기후혁신 펀드(Climate Innovation Fund)를 조성하여 탄소 제거 기술개발을 지원

하고 있다.

애플은 2030년까지 기기 제조 과정에서 발생하는 탄소 배출량을 '0'으로 하는 목표를 제시했고 아마존은 아마존 내 모든 에너지를 재생에너지로 대체하는 계획을 발표했다. 또한 아마존 전 배송차량을 2040년까지 전기차로 교체하기로 했다. 물론 기업들의 ESG 선언을 살펴보면 대부분이 E(환경)에만 국한되었다는 지적도 있다.

하지만 차츰 S(사회)와 G(지배구조) 또한 핵심 기준이 될 것이다. 현재 사회 구조적 불평등 해소를 위한 다양한 노력들이 진행 중이다. 소외계층의 교육격차 해소를 위한 IT기술 지원과 안전이 중시된 사회기반시스템 구축이 대표적이다. 또한 지배구조와 관련된 기업의 이슈들을 대중에게 체계적으로 공개하기 위한 빅데이터 기술, 장기적으로는 기업들의 부정행위를 방지하기 위한 AI 이사 기술 등이 곧 ESG의 완성에 기여할 것이다.

환경과 사회 공동체 그리고 미래 세대의 지속 가능성까지, 세 마리 토끼를 모두 잡는 기업만이 생존과 성장이 가능한 시대가 펼쳐지고 있다. ESG가 기업의 성장을 방해하는 족쇄가 아닌 도약을 위한 날개가 되었으면 한다. 갑질 파문을 일으키는 회사가 아닌 뼛속까지 건강한 회사들이 날개를 달고 미래를 주도해 나간다면 좀 더 살기 좋은 나라와 지구가 되지 않을까?

자녀와 식탁에서 대화를 ❹
헬스케어

빅테크*가 주목하는 헬스케어 산업

앞으로 10년 동안 전 세계 고령 인구가 20% 더 늘어난다고 한다. 이에 따라 생산과 소비에 노인층의 영향력도 더불어 커질 전망이다.

노인층이 주류가 되면 의료기술, 의약, 바이오, 생명공학, 의료기기 등 건강 관련 분야 즉, '헬스케어' 산업의 수요가 늘어날 것이다. 헬스케어 산업은 빅데이터, 클라우드, 인공지능과 만나 새로운 의

◆ **빅테크** : 구글, 아마존, 페이스북, 애플 등과 같은 대형 정보기술(IT) 기업을 뜻한다. 국내 금융산업에서는 네이버와 카카오 등 온라인 플랫폼 제공 사업을 핵심으로 하다가 금융 시장에 진출한 업체를 지칭하는 말로 주로 쓰인다.

료서비스 분야로 발전하고 있다.

의료기술의 발달은 다양한 질병에 대한 데이터 확보에 달려 있다. 수억 명의 의료 데이터를 하루 만에 축적하는 IT 기업이 의료산업을 주도할 수밖에 없다.

이미 미국과 일본 등에서는 IT 기술을 접목한 원격 의료서비스를 실시하고 있다. 우리나라 또한 클라우드에 쌓인 질병 데이터를 기반으로 집에서 의사의 처방을 받고 약을 배송받을 수 있는 시스템이 머지않아 상용화될 것이다.

선두주자는 아마존과 구글, 그리고……

헬스케어 산업에서 두각을 나타내고 있는 IT기업은 세계 최대 전자상거래기업인 아마존이다. 아마존웹서비스(AWS)는 환자 의료데이터를 분석해 질병을 예측하는 프로그램을 개발하고 있다.

최근에는 미 전역의 아마존 창고와 배송망을 활용해 코로나19 진단 키트를 배송하고 수거한 뒤 24시간 안에 결과를 알려주는 아마존DX 서비스를 시작했다. 또한 아마존 인공지능 플랫폼인 알렉사는 수술실에서 '음성 비서'의 역할을 톡톡히 하고 있다. 수술 중환자 상태와 특이사항을 꼼꼼히 기록하고 외래 진료시에도 의사를 대신 해 전자의무기록(EMR)을 작성한다.

헬스케어 산업의 궁극적인 목적은 수명 연장이다. 최근 바이오

기술에 나노기술과 정보통신기술을 융합한 극소형의 로봇인 '나노봇'의 연구가 활발히 진행 중이다. 몸속에 나노봇을 삽입해 뇌와 클라우드 컴퓨팅을 연결하는 기술로 최근 미국 캘리포니아대학 연구팀이 생쥐의 위에 나노 입자를 전달하는 실험에 성공했다. SF 영화 속 이야기가 아닌 현실에서 나노봇의 임무수행 가능성이 높아진 것이다. 인간과 외부세계를 연결하는 역할을 나노봇이 한다면 의료기술의 새로운 혁명이 찾아오는 것은 시간 문제다.

영화 〈승리호〉에도 나노봇이 나온다. 극 중 UST의 CEO 설리반은 150살이 되었는데도 50대의 외모로 살고 있다. 세상을 분자 단위로 조종하며 죽어가는 생물에게도 생명을 부여하는 나노봇 덕분이다. 물론 영화이기에 가능한 일이지만 어느 정도는 현실성 있는 이야기다. 줄기세포를 싣고 연골로 침투하는 나노봇이 있는가 하면 항암제를 달고 암세포를 추적하는 나노봇이 현재 개발에 성공했기 때문이다.

세계적인 인공지능 기술을 보유한 구글은 나노봇 분야에서도 한발 앞서고 있다. 구글은 알약 하나에 혈액 세포만 한 나노봇 2,000개를 넣어 이를 복용하면 온몸에 퍼진 나노봇들이 구석구석 돌아다니며 질병 정보를 스캔하는 기술을 개발 중이다. 나노봇이 스캔한 질병 정보는 스마트폰으로 전송되고 이에 따라 약물을 투여하거나 세포를 재생시켜 치료한다.

최근 생명공학 스타트업에 막대한 자금을 투자한 제프 베이조스가 주목을 받고 있다. 제프 베이조스가 투자한 회사는 유전자를 마치 컴퓨터 프로그램처럼 편집해 인간의 노화를 방지하거나, 심지어 다시 젊게 만들 수도 있는 '인간 유전자 재프로그래밍'을 연구하는 회사다. 앞서 우주도 다녀온 그가 화성을 식민지로 개발하고 불로장생의 꿈을 꾼다는 건 어쩌면 당연한 건지도 모른다.

기존 헬스케어 산업을 이끌어가는 제약회사들도 날로 복잡해지는 의료문제 해결방안을 빅테크 기술에서 찾고 있다. 애플 CEO 팀 쿡이 "미래의 애플이 인류에 가장 공헌할 분야는 바로 의료분야일 것이다"라고 말한 바와 같이 미국 빅테크 기업의 헬스케어 산업 진출은 더욱 가속화될 전망이다.

빅테크 기업이 인간의 불로장생을 가능하게 만들면 어떨까? 상상할 수는 있지만 상상하기 싫은 최첨단 과학기술의 극단적인 미래가 다가오고 있다. 과학기술은 시간이 지날수록 가속도가 붙고 전진하는 속성이 있다. 우리의 의지로 미래를 거스를 수 없다면 이제는 현실로 받아들여야 할 때다. 이것이 내가 아들과 함께 빅테크 기업에 투자하는 이유 중 하나다.

29

자녀와 식탁에서 대화를 ⑤

AI 로봇

아이언맨의 비서는 AI 로봇 자비스

영화 속 아이언맨은 위기에 빠질 때마다 누군가를 찾는다. 바로 아이언맨의 인공지능 비서 '자비스'다. 자비스는 위기 상황을 빠르게 분석해 아이언맨을 대신해 최적의 결정을 내려준다. 만약 자비스가 우리 곁에도 있다면 119나 112의 도움이 필요 없는 세상이 되지 않을까?

현재 인공지능(AI) 기술은 '초거대 AI'로 진화의 끝을 달리고 있다. 자비스와 같은 초거대 AI는 알파고처럼 바둑만 잘하던 단순한 형태가 아니다. 인간처럼 스스로 복합적인 사고를 하며 학습, 판단, 행동하는 수준에 이르렀다. 이는 대규모의 데이터 처리가 가능한 슈퍼컴퓨터를 도입해 그 속에 일종의 시냅스(파라미터)[◆] 수를 기하급수적으로 늘려 만든 것으로 단순 명령에 반응하는 정도가 아닌, 사람처럼 혹은 사람보다 뛰어난 사고를 하는 수준의 AI인 것이다.

초거대 AI 기업들이 로봇의 진화를 이끈다

구글과 페이스북, 마이크로소프트 등도 초거대 AI 기반의 알고리즘으로 언어모델을 개발 중이다. 중국의 대표적인 AI 기업인 센스타임과 화웨이도 초거대 AI에 막대한 투자를 이어가고 있다.

LG는 초거대 AI에 3년 동안 약 1,100억원을 투자한다고 발표했다. 미래의 배터리 원료를 찾기 위해 지난 250년간의 화학 분야 논문과 특허를 분석해 데이터베이스를 구축할 계획인데, 이때 초거대 AI 기술을 활용할 예정이다.

또한 인간의 면역 체계를 활용한 항암 백신 개발, 친환경 플라스틱 개발, 각종 소프트웨어 개발, 고객 감정 분석 같은 분야에 AI를 적용할 수 있을 것이라 밝혔다. 이 밖에 네이버와 SK텔레콤, 카카오 등의 기업도 초거대 AI를 개발 중이다.

일본 소프트뱅크의 손정의 회장은 '앞으로의 로봇은 프로그래밍

◆ **시냅스** : 인간의 뇌 속 신경세포 간의 정보전달과 학습을 위해 신호를 주고받는 연결 부위.

없이 인공지능(AI)으로만 학습하며 업무에 적응하는 인간 같은 스마트 로봇이 될 것이다'라고 예측하며 초거대 AI로 학습한 스마트 로봇이 미래산업의 핵심이 될 것이라 주장했다.

테슬라는 최고 성능의 반도체를 자체 개발하고 약 4억 8,000만 개의 입체적인 사진과 영상학습이 가능한 AI 슈퍼컴퓨터 '도조'를 개발했다. 자율주행프로그램의 개선을 위해서는 수억 개의 주행데이터를 0.001초 만에 빠르게 학습하는 것이 관건이기 때문이다. 일론 머스크는 "테슬라는 AI 설계 및 훈련에 관한 세계 최고 수준의 소프트웨어(SW), 하드웨어(HW) 기술을 탐구하는 기업이 될 것이다"라고 말했다. 이는 전기차 회사를 뛰어넘어 AI를 접목한 모든 분야에 진출할 여력이 있는 회사임을 강조한 셈이다.

테슬라와 현대차가 로봇기업이라고?

심지어 테슬라의 자율주행 기술에다 AI, 센서기술을 접목해 위험한 현장에서 인간을 대신할 휴머노이드 로봇, 일명 테슬라봇을 개발하겠다고 밝히며 테슬라가 세계 최대 로봇 기업으로 거듭날 것이라 했다. 전기차를 만들다가 갑자기 로봇을 만든다고? 뜬금없다고 생각할 수 있겠지만 사실 자율주행 전기차와 로봇은 닮은 점이 많다. 사물을 보는 눈, 명령을 수행할 팔, 다리, 뇌의 역할을 대신할 칩 등은 로봇 제작은 물론 자율주행 전기차의 필수 기술이다.

실제 테슬라봇에 테슬라 자동차에 탑재되는 자율주행용 시스템이 내장되고, 주변 상황 인식을 위한 카메라와 자율주행 처리를 위한 컴퓨터 시스템이 들어간다. 테슬라는 AI 칩과 배터리 생산까지 자체 기술을 보유하고 있기에 로봇 분야로의 진출은 당연한 일이다.

현대차그룹도 최근 로봇 분야 세계 1위로 꼽히는 보스턴 다이내믹스를 인수하며 로봇 시장에 뛰어들었다. CF 속에서 방탄소년단의 안무를 따라 추는 로봇이 바로 보스턴 다이내믹스의 로봇이다. 공장 안전 서비스 로봇인 스팟(Spot)은 인공지능 내비게이션을 통해 공장 내부를 다니면서 외부인의 침입을 감시하거나 화재 발생 가능성을 점검하는 역할을 한다. 스팟의 시범운영을 시작으로 1시간에 상자 800여 개를 작업할 수 있는 물류 로봇 '스트레치'도 향후 산업 현장에 투입될 예정이다.

이처럼 자동차 기업들이 잇따라 로봇기술을 선보이는 이유는 AI 기술을 자율주행에 접목하기 위해서다. 자율주행 전기차의 핵심인 소프트웨어 개발을 위해서 로봇산업에 대한 투자는 필연적이기 때문이다.

미국 애리조나 대학의 연구진은 달에서 자원을 채굴하며 기지 건설 작업도 병행할 로봇을 만들 계획이라고 하니 AI 기술을 접목한 로봇의 역할은 그야말로 무궁무진하다. AI 기술을 확보한 기업만이 미래산업의 주인이 될 수 있다. 빅데이터를 활용한 자체 AI 기술력을 확보하고 있지 않으면 구글, 마이크로소프트, 테슬라 등의 글로벌 기업의 지배를 받기 쉽기 때문이다.

　이처럼 초거대 AI 기술은 로봇과 전기차를 비롯해 미래산업 투자의 핵심이 될 것이다. '오케이 구글!' '헤이 시리!'를 뛰어넘는 자비스의 탄생을 기대해봐도 좋지 않을까?

자녀에게 물려주고픈 엄마의 습관 목록

30

덜 쓰고도 행복하게 사는 삶

대학교 4학년 때, 당시 취준생이었던 우리 부부는 각자 최종합격 통보를 기다리고 있었다. 먼저 합격한 남편은 10년 뒤 자신의 연봉과 월급을 예측하며 기대에 부풀었다.

15년이 지난 지금, 기대만큼의 많은 자산을 모으지는 못했지만 우리는 충분히 행복하다. 그 이유는 가지고 있는 자산보다 훨씬 더 큰 만족감을 누리며 살고 있기 때문이다. 수중에 있는 10만원을 미래에 1,000만원이 될 돈이라고 생각하기에 가능한 일이다. 이것이야말로 '덜 쓰고도 행복하게 사는 삶'의 비결이 아닐까 싶다.

대부분의 사람들은 지금보다 돈이 많으면 더 행복할 거라 믿는다. 이와 관련된 재미있는 연구결과가 있다. 가난한 사람들은 소득지수가 올라가면 행복지수도 올라가는 반면 부자들은 그렇지 않다고 한다. 그 이유는 소득과 행복 사이에는 '결별점'이란 것이 존재하기 때문이다.

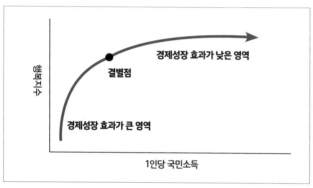

경제성장 효용체감곡선 (출처 : <한겨레21> 제1110호)

결별점이란 소득이 증가해도 행복지수가 높아지지 않는 경계를 나타내는 말이다. 일정 수준 이상의 부를 축적하면 오히려 그 이전보다 행복지수는 떨어진다. 돈이 없어서 받는 스트레스보다 지금 버는 만큼을 유지해야 하는 압박감이 더 큰 스트레스로 작용하기 때문이다.

돈이 곧 행복이 아니라는 건 국가 간의 비교를 통해서도 알 수 있다. 1인당 GDP(국민총생산량)와 행복지수를 비교해보면, GDP가 낮은 인도네시아, 콜롬비아의 행복지수가 영국이나 프랑스보다 높다. 이처럼 행복을 평가하는 지표가 꼭 돈이 아님에도 불구하고 사람들은 돈에 절대적인 가치를 둔다.

보여주기식 소비와 그 공허함을 아는 것

몇 년 전 남편 친구 모임에 갔을 때다. 테이블 위의 나의 기저귀 가방이 유독 초라하게 보였다. 남편도 나와 같은 생각이었는지 결혼 기념일 선물을 사주겠다며 나를 백화점 명품관에 데려갔다. 그러고는 5주년 결혼선물로 200만원 가까이 하는 명품가방을 사줬다.

명품가방을 처음 받아본 나는 그 가방의 가치만큼 나의 가치도 높아질 거라는 기대를 했다. 하지만 만족감의 유효기간은 길지 않았다. 나를 위한 소비가 아닌 보여주기 위한 소비였기 때문이다. 비싼 명품가방에 사람들의 관심이 사라지고 나면 남은 건 공허한 마음뿐이었다. 생활비를 걱정하지 않고 시원하게 쇼핑하는 친구, 종류대로 학원을 보내는 옆집 엄마, 고급스런 헬스장에서 1대1 PT를 받는 사람들을 부러워했다. 그 당시 나는 비교하는 삶에 익숙해져 남에게 잘 보이려는 물건들로 결핍을 채우고 있었다. 문득 책을 읽다 '당신은 지금 행복한가요?'란 질문에 나는 '네'라고 대답할 수가 없었다. 부러운 것만 바라보느라 내가 누리고 있는 작은 것들이 하찮게만 느껴졌기 때문이다. 부러움을 해소하기 위해 산 명품 가방은 나의 품위는 완성시켜주지 못했다. 상대방을 의식하지 않는 소비가 오히려 나의 품위를 지켜준다는 것을 나는 뒤늦게 깨달았다.

나를 지키는 자존감

살아가는 데 돈은 아주 중요한 것 중 하나지만, 행복과는 별개라는 사실을 인정하니 내가 가진 사소한 것이 귀하게 느껴졌다. SNS에 올라오는 해외여행 사진, 명품 가방과 외제차가 더이상 부럽지 않았다.

청소 후 마시는 시원한 커피 한잔, 마음에 드는 에코백 하나가 주는 만족감이 나에게는 더 컸기 때문이다. 나만의 의미가 부여된 소비는 더 많은 것을 누리게 한다. 아무리 사소한 것일지라도 내가 부여한 가치를 낮게 평가해선 안 된다. 소비의 기준은 철저히 내가 되어야 한다.

모건 하우절의 책 《돈의 심리학》에 이런 말이 나온다. '현대 자본주의가 좋아하는 두 가지는 부를 만들어내는 것과 부러움을 만들어내는 것에 있다. 누구도 여기에 자유로울 수 없다.' 자본주의 사회에서 부러움의 노예가 된다면 우리는 절대로 행복해질 수 없다. 우리는 항상 누군가의 성취와 부를 부러워하는 것에만 익숙하다. 적게 쓰고도 충분히 행복한 삶을 누릴 수 있다면 부러움 없이 나만의 부를 만들어갈 수 있지 않을까?

쓰는 즐거움보다 모으는 즐거움

요즘은 절약보다 소비가 미덕이자 당연한 생활방식처럼 보인다. SNS를 비롯한 모든 매체가 알게 모르게 '쓰지 않는 삶'은 '무의미한 삶'이라며 소비를 부추기고 있다. 타인의 소비를 의식하기 시작하면 나의 경제력과 끊임없이 비교하게 된다. 그러다 보면 가지지 못하고 누리지 못한 것에 대한 불평과 불만이 쌓이곤 한다. 이런 악순환이 계속될수록 우리는 스스로 불행한 사람이라 생각하기 쉽다.

그럼 삶의 만족감을 끌어올리는 방법은 무엇일까? 정답은 지극히 단순한 데 있다. 바로 소비 대신 절약을 하는 것이다.

"처음 한푼 두푼 티끌 모을 때가 힘든데 어느 단계쯤 올라가니 느긋해지더라." 배우 전원주님이 한 예능프로그램에서 한 말이다. 호탕한 웃음소리 뒤에는 피난민 시절 겪었던 지독한 가난이 있었다. 피난민 생활을 하며 배고픔과 서러움이 무엇인지 뼈저리게 느낀 그녀가 몇십 년 동안 지켜온 생활신조는 '근검절약'이었다. 연예인임에도 불구하고 공중목욕탕을 이용할 때 옆 사람이 틀어놓은 수도꼭지마저 과감하게 잠글 정도로 뭐든지 아낀다는 그녀는 이제 우리나라의 워런 버핏으로 불릴 만큼 대단한 자산가가 되었다. 그런데도 그녀는 여전히 최소한의 돈만 가지고 다니고, 계산할 때 가능한 흥정을 하고 본다. 절약보단 소비에 익숙한 요즘 세대에게 이런 절약정신은 새로운 자극일 수 있다.

절약은 위험률 제로인 최고의 재테크다. '그까짓 푼돈 아껴봤자 얼마나 더 잘 살겠어?'라고 나 또한 생각한 적이 있다. 하지만 가진 것보다 적게 쓰고 돈을 모으는 재미를 느껴본 사람들은 감히 '그까짓 푼돈'이라고 말하지 않을 것이다. 매월 절약한 돈으로 투자하면서 절약은 궁상맞고, 비참한 것이 아니라 마음먹기에 따라 생산적인 활동이 된다는 새로운 시각을 갖게 되었다. 당장 소득이 적고 모아둔 돈이 많지 않다고 투자 기회가 없는 건 아니다. 절약한 금액으로도 얼마든지 투자는 가능하기 때문이다.

월 100만원의 생활비 중 5만원을 아껴서 KODEX200 ETF에 투자한다면 평균 5%의 수익률은 기대할 수 있다. 불필요한 지출만 줄여도 투자 성공률을 높일 수 있다는 뜻이다.

이렇듯 절약은 미래를 준비하는 간편하고도 합리적인 방법이다. 만약 경제력이 없는 상태에서 생각지도 못한 돈 문제가 생기면 삶을 풍요롭게 하는 일들을 뒤로하고 오직 돈 문제 해결에만 매달려야 한다. 한마디로 '돈에 지배당하는 삶'을 살게 되는 것이다.

이런 변수들에 현명하게 대처하기 위해서는 반드시 절약하는 습관이 필요하다. 돈은 경제적 자유와 시간적 자유는 물론 내면의 여유까지 보장한다. 흔히 사람들은 지금보다 더 많은 돈을 벌면 부자가 될 수 있을 거라 믿는다. 이것은 더 많이 벌면 더 쓰고 싶다는 우리의 본능을 무시한 믿음이다. 얼마를 더 버느냐보다 얼마를 더 아끼느냐에 따라 경제적 자유가 결정된다는 걸 잊지 말자.

소비할 때도 저축할 때도 행복할 수 있기를

31

돈을 지출하기도 하고 저축하기도 하는 사람은 가장 행복한 사람이다. 두 가지 쾌락을 모두 맛볼 수 있는 사람이기 때문이다.

| 새뮤얼 존슨 |

지출할 때만 느끼는 쾌락에서 벗어나 저축을 하는 쾌락에도 익숙해져보면 어떨까? 남은 인생에서 두 아들의 엄마와 아내의 역할에서 힘을 빼도 되는 날이 온다면 가슴 뛰는 일을 찾아 주저 없이 시도해보며 살고 싶다. 식지 않은 나의 꿈을 위해서라도 쓰는 즐거움에서 멀어져보려 한다. 나의 미래의 선택지를 넓히는 일은 다 자란 두 아들의 모습을 그려보는 일만큼이나 설레는 일이다. 그러니

'절약'은 해볼 만한 것이 아닐까?

왜 쓰는지 알면 어떻게 써야 할지도 안다

대입 최종합격 통보를 받고 가장 먼저 아르바이트를 구했다. 염색도 하고 귀도 뚫었지만 뭔가 채워지지 않는 게 있었다. 성인 흉내만 낼 뿐, 진짜 성인은 못 된 것 같은 느낌 때문이었다.

진짜 성인은 스스로 돈을 벌어 쓰는 사람이라 믿었기에 나는 아르바이트를 구해 직접 돈을 벌기 시작했다. 한 달에 30만~50만원 정도의 용돈을 벌어 쓰면서 돈 쓰는 재미에 푹 빠졌다. 돈을 쓰기 위해 돈을 벌었다. 자유롭게 돈을 쓰는 것을 어른들이 누리는 특권이라 생각했기 때문이다.

졸업 후 취직을 하고 결혼 계획을 세울 때쯤, '돈'에 대한 생각이 점차 달라지기 시작했다. 나에게 돈은 더 이상 쓰고 싶은 만큼 써서는 안 되는 것이었다. 결혼 자금을 마련하기 위해 월급의 80%를 저축하며 약 3,000만원의 돈을 모을 수 있었다. 결혼 후 살림과 육아에 집중하면서 내 취향보다는 아이들 위주의 소비를 하게 되었다. 두 아이가 어릴 때는 나의 취향은 존중받지 않아도 된다 생각했다. 그것이 더 경제적이라 생각했기 때문이다.

처음에는 당연하다 싶었지만 갈수록 억울한 마음이 들었다. 내가 좋아하는 브랜드의 바디 로션을 사는 대신 온 가족이 쓸 수 있는 가성비 좋은 대용량 제품을 사서 바르고, 딸기나 복숭아 같은 비싼 과일은 아이들 입에 넣어주기 바빴다. 남은 반찬이 아까워서 박박 긁어먹는 내 모습이 구질구질했지만 참고 또 참았다.

 엄마, 다 못 먹겠어요. 그냥 엄마가 먹어요.

무심결에 아들이 한 말에 아슬아슬하게 버티고 있던 나의 마음 한 조각이 떨어져 나갔다. 다시 예전처럼 나를 위해 마음껏 돈을 써보고 싶었다. 그것이 나를 위한 일이며 나를 찾는 일이라 생각했다.

언제 절약했느냐는 듯 나는 친구들과 외식을 하고, 수시로 핫플투어를 했다. 늘 입던 레깅스를 버리고 청바지와 롱스커트를 사 모았다. 팔꿈치가 해진 패딩을 대신할 코트를 색색깔로 사서 옷장에 채워 넣었다. 그렇게 비어가는 잔고를 외면한 채 새로 산 물건들로 마음을 채우려 했다.

해로운 욕심이 커질수록 내 안의 나는 더 보잘것없어졌다. 자유롭게 돈을 쓰며 원하는 물건을 사면 구질구질한 나의 마음도 산뜻해질 줄 알았다. 하지만 그건 나만의 착각이었다. 가만히 생각해보니 내게 필요한 건 옷을 비롯한 물건이 아니었다. '나라는 사람을 탐구하고 이해할 시간'이었다. 시간이 날 때마다 무의식적으로 쇼핑 리스트를 검색하는 대신 나를 들여다보았다.

나와의 시간을 보내기 위해 틈날 때마다 산책을 했다. 비 온 뒤

맑은 공기를 마시며 걷고 있는데 불현듯 모든 걸 다 가진 기분이 들었다. 혼자 걸으면서 나의 욕망에 말을 걸고, 대답을 듣기 시작하자 텅 비었던 마음이 채워졌다. 나의 욕망을 헤아리고 그 욕망이 돈으로 채울 수 없다는 걸 깨달았을 때 비로소 소비와 감정을 분리할 수 있었다.

'왜 사는지 알면 어떠한 상황도 견딜 수 있다.'

내가 좋아하는 니체의 말이다. 나는 이 말을 이렇게 바꿔보았다. '왜 쓰는지 알면 어떻게 써야 할지도 안다.' 돈을 쓸 때도 왜 쓰는지를 알면 과소비인지 중독 소비인지 알 수 있다고 한다.

1단계 생존 소비 : 없어서 산다.

2단계 생활 소비 : 망가져서 산다.

3단계 과소비 : 더 좋아 보여서 산다.

4단계 중독 소비 : 그냥 산다.

생존과 생활 소비의 넘어 과소비, 중독 소비로 이어지는 경계에 '감정'이 있다. 감정에 지배당하지 않기 위해서는 그 감정의 출처를 알고 이해하는 일은 반드시 필요하다. 순간적인 감정에 의존해 돈을 쓴다면 착각과 자기 타협의 유혹에서 벗어날 수 없다. 결국 나의 욕망과 결핍이 불필요한 지출을 야기한다는 것을 알아야 한다. 그러니 나를 제대로 이해한 후에야 현실감 있는 지출 계획도 세우고 제대로 된 소비도 할 수 있다.

내가 어떤 사람인지 알기 위해 때로는 고독을 즐기며 혼자만의 시간을 가질 필요가 있다. 돈으로는 살 수 없는 나와의 값진 시간을 보내다 보면 허한 마음도, 외로운 마음도 점차 채워지기 때문이다. 돈을 어떻게 써야 할지 고민이라면 지금 당장 당신의 욕망과 만나 보는 건 어떨까?

주어진 시간과 만들어낸 시간

우리 가족은 드라마 〈슬기로운 의사 생활〉을 좋아한다. 극 중 김 대명 배우가 이런 말을 했다.

"시간이 아까워. 시간이 너무 아까워. 내가 좋아하는 거, 내가 하고 싶은 거, 지금 당장 하면서 살래."

그 대사를 들은 아들이 나에게 말했다.

 엄마, 내 생각이랑 똑같아요. 나도 시간이 너무 아까워요.

그 대사가 이리도 마음에 남는 건 나 또한 내 시간이 너무나 아까 웠기 때문이다. 해야 하는 일만 하고 살기에는 시간이 아까웠다. 내가 좋아하는 일, 하고 싶은 일을 찾아 시간을 더 의미 있게 쓰고 싶었다.

누구에게나 시간은 유한하다. 우리는 그 시간 동안 더 나은 삶을 찾기 위해 애쓰며 살아간다. 하지만 내게 허락된 시간이 얼마인지 알 수 없기에 주어진 시간의 소중함을 가끔 잊기도 한다. 유대인 격언에 '시간을 훔치지 마라'는 말이 있다. 유대인들은 금고 속에 넣어둔 돈을 도둑맞는 것처럼 시간도 도둑맞는다고 생각한다. 단 1분이라도 다른 사람의 시간을 허비하게 해서는 안 된다는 의미다.

유대인 부모는 자녀의 13살 성인식 때 축하금과 함께 손목시계를 선물한다. 이는 시간을 잘 지키고 활용할 줄 아는 사람이 되라는 뜻이다. 유대인 가정의 자녀들은 어릴 때부터 주어진 시간 안에 계획한 일을 마치는 훈련을 받으며 자란다. 그들이 다양한 산업에서 두각을 나타낼 수 있었던 비결은 이러한 엄격한 시간 관리 때문이 아닐까?

누구에게나 똑같은 시간이 주어진다. 하지만 그 시간을 어떻게 활용하느냐에 따라 결과는 달라질 수밖에 없다. 블로그와 유튜브를 시작하니 시간이 부족했다. 설거지를 하면서 경제뉴스를 듣고 아이의 하교를 기다리며 블로그 포스팅을 했다. 산책할 때는 손에 잡히는 경제를 듣고, 아이들이 숙제할 때는 나도 옆에서 책을 읽었다. 하지만 아무리 해도 시간이 부족해 결국 잠자는 시간을 줄이기로 했다.

평소보다 일찍 일어나 아이를 학교에 데려다주고 바로 근처 커피숍으로 출근했다. 4,600원의 커피값이 아깝지 않도록 주어진 시간에 집중하여 책을 읽고 글을 썼다. 모두가 잠든 밤에는 유튜브 영상편집과 섬네일을 만들었다. 주식, 재테크, 경제교육에 관한 글과 영상이 블로그와 유튜브에 차곡차곡 쌓였다. 그것들이 모여 지금의 책이 되었다. 나의 곁에서 가장 유심히 나를 관찰하고 있는 사람은 두 아들이다. 언제부턴가 바빠진 엄마를 지켜보며 아이들도 나와 같이 바쁜 하루를 보내고 있다.

 20분 더 놀고, 30분 동안 숙제할게요.

2학년이 된 둘째 아들이 자주 하는 말이다. 평소 10분, 20분의 단위로 시간 계획을 말한 나를 따라 한 것이다. 아이들은 수시로 시계를 보고 타이머를 맞추며 하루 계획을 세우고 수정한다. 해야 하는 일과 좋아하는 일에 지혜롭게 시간을 배분하여 주체적으로 시간을 관리할 수 있게 된 것이다.

시간을 주체적으로 써보지 않은 사람은 매사 정신없이 휘둘리며, 정리 안 된 삶을 살 가능성이 크다. 그에 반해 시간을 주체적으로 쓰는 사람은 원하는 만큼 시간을 더 만들어 쓸 수도 있다.

하루에 1시간만 만들어도 1주일에 7시간, 한 달이면 30시간이 더 생긴다. 주어진 시간과 만들어낸 시간을 최대로 활용하는 치밀함을 가진다면 나는 누구나 부자가 될 수 있을 거라 믿는다. 이는 수많은 자기계발서나 자산가들의 성공 스토리를 담은 책에서 이미 입증된 사실이다.

당장 오늘부터 자투리 시간에 무엇을 할지 계획해보자. 그 시간을 제대로 활용한다면 분명 생각지도 못한 멋진 미래가 찾아올 것이다.

엄마도 여전히
꿈에 투자하고 있단다

네 꿈이 뭐야?

어릴 적 꿈이 뭐냐고 물었을 때 혹시 나는 이렇게 대답했을까?

'통장 잔고 걱정 없이 비행기 티켓을 끊고, 호텔 조식 1인당 가격에 개의치 않고 가볍게 즐기고 나올 수 있는 여유를 가지는 게 꿈이다.'

서른아홉 해를 살면서 현실과 이상의 괴리에서 조율한 나의 꿈 중 일부다. 그런데 이런 대답을 10살 남짓한 아이들이 한다면 어떨까? 얼마 전 수업 중에 한 아이의 대답이다.

아파트를 많이 가지고 있으면 좋겠어요.

　나는 아이들에게 꿈이 뭐냐고 물었는데, 대답으로 아파트가 나왔다. 예상 밖의 대답에 그 아이에게 다시 물었다.

왜 아파트를 많이 가지고 있었으면 좋겠어?

아이의 대답은 이랬다.

 아파트 값이 오르면 팔아서 돈을 많이 벌 수 있으니까요.

　아이는 아이다워야 한다. 가족과 함께 돈 이야기를 자주 하고 돈에 밝은 아이로 자라야 하는 건 맞지만 아이들이 꾸는 꿈만은 보다 이상적이고 비현실적이어야 한다. 그것이 그 시절 아이들이 누릴 수 있는 특권이기 때문이다.

　무책임하고 앞뒤가 맞지 않는 황당한 꿈일지라도 아이니까 괜찮다. 꿈은 그러라고 있는 거다. 그러나 아쉽게도 요즘 아이들은 꿈을 제대로 꿔볼 시간이 없다.

　부자가 되고 싶다는 아이들에게 꿈이 뭐냐고 물었을 때 기대에 부풀어 설레며 대답하는 친구가 없었다. 돈은 많이 벌고 싶은데 그

돈으로 무엇을 하고 싶은지 모른다면 앙꼬 없는 찐빵처럼 텁텁한 인생을 살 수밖에 없다. 아이들에게 꿈이란 심장이 터질 듯 울렁거림을 주는 일이어야 한다. 나 역시 누군가가 나에게 꿈이 뭐냐고 물었을 때 고개를 푹 숙이며 '모르겠어요'라고 대답한 적이 많았다. 생각만 해도 가슴 뛰고 설레는 일이 무엇인지 몰랐다. 그냥 엄마가 바라는 사람이 되는 게 나의 꿈이었다.

엄마의 꿈은 생산적인 일을 하며 늙어가는 것

나의 엄마는 내가 중학교 때는 한의사, 고등학교 때는 학교 선생님이 되기를 원했다. 한의사가 되어서는 개원한 병원에서 아빠의 일자리를 마련해주길, 선생님이 되어서는 동생의 학비를 대고 안정적인 직장을 가진 남자를 만나길 바랐다.

사실 공부를 잘하는 것이 목표였지 무슨 일을 하고 무엇이 되고 싶다는 꿈은 없었다. 꿈이란 게 뭔지 모른 채 살다 임용고시를 준비하는 수험생이 되었다. 수능에 이어 인생의 두 번째 큰 시험이었다. '이 시험에 통과하면 나의 직업은 선생님이 되는 동시에 평생 직장이 생기는 거구나. 과연 나는 이 일을 평생 할 수 있을까?' 그제야 나에게 물어봤다. '진짜 네가 하고 싶은 일이 이게 맞아?'라고.

23살이 되어서야 제대로 된 반항을 하고 싶어졌다. 엄마가 강요한 꿈이 진짜 내 꿈이 아니라고 외치고 싶었다. 그렇게 준비하던 시험을 관두고 제과 제빵 자격 공부와 기간제 교사로 일을 하며 새로운 꿈을 찾는 일을 멈추지 않았다. 꿈을 찾고 싶었지만 꿈이란 게 또렷이 보이지 않았다. 꿈을 '직업'에 한정시켜 정하려고 하니 사회가 필요로 하는 수많은 관문을 통과해야만 했다. 직업과 꿈의 교집합을 찾는 데 슬슬 지쳐갈 때쯤 '애초부터 내 꿈은 현모양처였어'라는 결론을 내리며 현실과의 타협에 들어갔다. 그렇게 결혼을 하고 엄마가 되면서 나는 다시 꿈과 멀어져 갔다. 엄마란 자리에서 10년이란 시간을 버티고 나서야 멀어진 꿈을 조금씩 다시 찾아보고 있다. 현재 나의 꿈은 생산적인 일을 하며 늙어가는 것이다.

꿈을 꾸는 부모로 살고 싶다

모호한 말이지만 가장 정확한 말이다. 나는 무언가를 만들어내는 것에 쾌감을 느낀다. 나의 생각을 글과 영상으로 만들고 흩어져 있는 정보를 정리해서 내 식으로 표현하는 일을 앞으로도 계속하고 싶다. 내가 생산해낸 것이 다른 이들의 마음을 움직이고 세상을 이해하는 데 도움을 준다면 그걸로도 충분하다. 마음 한구석에 묻어둔 별 볼 일 없는 꿈일지라도 괜찮다. 아이들은 부모의 뒷모습을 보고 자란다고 한다. 꿈을 꾸는 부모의 모습에서 분명 자신들도 꿈을 꾸며 남은 삶을 스스로 개척해 나갈 것이다. 그 꿈은 아파트나 슈퍼카 따위가 되지 않을 것이다. 그것들이 꿈의 작은 일부는 될 수 있지만 내 삶을 뒤흔들 만한 큰 영감은 줄 수 없을 것이다. 꿈에 투자하는 일은 언제라도 늦지 않다. 서른, 마흔, 쉰이 넘더라도 꿈은 투자할 만한 가치가 있다. 그래서 나는 오늘도 내 꿈에 투자 중이다.

나의 여생의 끝, 보헤미안

20년 후 나의 일상은 ……

아이들과 수업 중에 '소원 앨범'에 붙일 사진을 이야기할 때면 "선생님 소원은 캠핑카를 타며 이동식 책방을 여는 거야"라고 이야기하며 캠핑카 사진을 보여주곤 한다. 언젠가 이뤄질 나의 소원 앨범 속 사진을 보며 20년 뒤 나의 일상을 미리 기록해본다.

포근한 하얀 구스 이불을 휘감은 채 눈을 뜨면 박하향 가득 상쾌한 공기가 코를 찌른다. 여기는 또 어디인가? 소나무로 가득 둘러싸인 곳 너머 소금기 먹은 진한 습기가 감도는 해변가 어디다. 앉으면 얼굴과 벽의 거리가 심히 가까운 쥐똥만 한 화장실도 이제는 적응이 되었다. 가글을 하고 텀블러에 뜨거운 물을 가득 넣고 슬리퍼를 신고 밖으로 나가본다. 30년 넘게 야행성 생활을 했던 나는 집 대신 캠핑카로 삶의 터전을 옮긴 후에는 철저하게 새벽형 인간이 되어갔다.

해가 뜨기 전 보랏빛이었다 주황빛으로 변하는 하늘을 고요히 바라볼 수 있는 시간, 58년 내 인생을 보상해주는 축복의 시간이다. 내가 눈감는 마지막 순간에 가장 잘한 일을 꼽는다면, 남편과 함께 떠돌이 생활을 한 일이 아닐까? 한참을 하늘을 바라보며 슬리퍼를 질질 끌고 3,000보쯤 걷고 나서야 나의 집, 캠핑카로 돌아온다. 저녁에 읽다 만 책을 집어 들고 20페이지쯤 읽고 있으면 배에서 꼬르륵 소리가 난다. 남편과 간단히 끼니를 때우고 세수를 하고 옷을 갈아입고 노트북 전원을 켰다.

오늘의 책방 예약 손님은 몇 명인지, 미리 주문한 음료와 간식은 무엇인지, 그리고 관심 분야의 책은 무엇인지를 파악하고 준비를 시작한다. 손님들이 이용할 간이 테이블과 돗자리, 그리고 피크닉 바구니 안에 책을 세팅해놓고 우리는 책방 손님과 만날 장소로 캠핑카를 몰고 출발한다.

한적한 어느 공원에 주차를 해놓고 남편은 자신의 주특기인 와플을 굽기 시작한다. 그 옛날 버스터미널에서 팔던 사과잼과 생크림이 가득 발린 투박한 와플을 남편은 너무나도 좋아했다. 크로플,

홍콩식 와플…… 등 고급스런 와플이 커피숍에서 팔기 시작하면서 남편이 좋아하는 와플은 거리에서 찾아보기가 힘들어졌다. 캠핑카에서 이동식 책방을 운영하며 남편은 틈날 때마다 와플 가게 사장님으로 변신했다. 갓 구워낸 바삭한 와플의 네모 홈 사이로 아끼지 않고 가득 바른 수제 사과잼과 생크림의 조합은 쉽게 지나칠 수 없는 비주얼이다. 틈틈이 재미 삼아 와플을 구워 판 돈으로 우리는 책을 산다.

시중에서 잘 구할 수 없는 절판된 책을 사 모으는 것이 주특기이자 취미가 되어버렸다. 보물 같은 책을 구할 때마다 느끼는 희열은 로또 3등 정도 당첨된 기분과 견줄 만하다.

손님들이 하나둘씩 도착하기 시작했다. 책이 든 피크닉 바구니 안에 갓 내린 커피를 담은 텀블러와 과일 도시락, 그리고 방금 구운 와플을 담아 건네고는 우리도 세상에서 가장 편한 접이식 의자를 펼쳐본다. 살랑살랑 부는 바람과 함께 들려오는 올드 팝의 재즈 선율이 귓가를 간지럽힌다. 한두 시간 정도 흘렀을까? 읽던 책이 지겨워질 때쯤 나는 노트북을 펼쳐서 며칠 전 찍은 영상을 편집해본다.

3일 전 우리가 머무른 강원도 산골 마을, 그곳의 밤을 담은 영상은 정말 볼만했다. 쏟아질 듯한 그 별들을 모두 담고 싶었지만 마음처럼 쉽지 않았다. 컴컴한 밤에 타닥타닥 장작소리를 BGM 삼아 그 위에 우리의 목소리를 얹었다. 유튜브를 시작한 지 이제 20년이 되어간다.

우스갯소리로 20년 해야지 했던 말이 정말 실현될지는 몰랐다. 하루하루 늙어가는 내 모습을 영상을 통해 마주할 때마다 서글픈 건 당연하다. 하지만 그러한 모습도 버킷 리스트 속 나의 모습 중 하나이기에 조금 더 당당히 마주하려 한다.

이제 손님들을 배웅할 시간이다. 내 인생의 풍미를 더해주는 값진 사람들, 오늘도 그들에게 감사 인사를 가득 담아 표현해보련다.

PS) 저의 20년 후 모습을 미리 감상하셨다면 이제 여러분들의 차례입니다. 아이와 함께 엄마의 소원 앨범도 만들어봐요. 여러분의 성공 앨범 속 사진은 무엇을 담고 있나요? 앨범 속 사진이 채워질수록 생생한 꿈은 곧 현실이 될 거예요. 물론 경제 공부와 투자도 함께 하면서요.

"길을 아는 것과 그 길을 걷는 것은 다르다."

영화 〈매트릭스〉에서 나온 말이에요. 자본가 가족이 되는 길을 아셨다면, 이제 걸을 일만 남았습니다. 경제적 자유의 길목에서 기다리고 있겠습니다. 어서 오세요.

박현아

아들에게 수익률보다 값진 경험을!

20살에 시작한 첫 주식투자

군대 가기 한 달 전 아버지께서 갑자기 100만원을 주셨다. 가족이 처음으로 분양받은 아파트를 등기하면서 받은 국민주택채권을 판 돈이었다. "아들아, 군대 가기 전 네 마음대로 한번 써봐라"라고 하시며 그 돈을 나에게 주셨다. 한참을 고민하다가 증권회사에 가서 처음으로 주식계좌를 개설했다. 그리고 어렸을 때부터 익숙한 한 회사의 이름을 대며 "100만원어치 다 사주세요"라고 주문을 하고 군대에 갔다. 그게 내 인생의 첫 주식투자였다.

열심히 군 생활을 하다가 1년 정도 지나 신문도 볼 수 있는 계급이 되니 문득 잊고 있었던 주식이 생각났다. 신문 속 깨알 같은 글자로 빼곡하게 적힌 종목들 가운데 내가 산 주식을 찾느라 한참이 걸렸다. 주식가격을 보는 순간 내 눈을 의심했다. 1년 만에 가격이 2배나 올라 있었다. 그때부터 신세계를 본 사람처럼 반짝이는 눈으로 주식 공부를 시작했다. 휴가를 나갈 때마다 주식 차트분석 책을 사서 시간만 나면 공부했다. 점심시간에 여자친구와 통화하는 군인들 사이에서 증권회사 여직원과 통화를 하며 주식을 주문하기도 했다. 나의 군 생활에서 가장 설레고 달콤한 순간이었다.

아버지의 선물, 투자교육

그런데 신기하게도 열심히 공부하고 투자할수록 돈은 계속 줄어들었다. 결국 전역할 때쯤에는 몇백원 하는 동전주식만 몇 주 남기고 대부분의 투자금을 날리고 말았다. 혼날 각오로 아버지께 사실대로 말씀드렸더니, 오히려 좋은 경험을 했다며 나를 칭찬해주셨다. 그리고 몇 해 지나지 않아 아버지는 위암으로 투병하시다 40대 후반의 나이에 세상을 떠나셨다. 아버지가 돌아가시기 전에 듬직한 아들의 모습을 보여드렸다면 얼마나 좋았을까? 지금도 그때의 소중한 돈을 지켜내지 못한 것이 후회로 남는다. 하지만 그 시절 뼈아픈 투자 경험이 없었더라면, 지금의 나도 없을 것이다. 무엇과도 바꿀 수 없는 선물을 주고 떠난 아버지께 다시 한 번 감사하다고 말씀 드리고 싶다.

아들에게 첫 증여를 하면서 20살에 아버지께 받은 100만원의 기억이 떠올랐다. 생전 처음 분양받은 아파트에서 나온 뜻깊은 돈을 아들에게 줄 때 어떤 마음이셨을지 조금은 알 것 같다. 본인이 20살 때 만져보지 못한 돈으로 아들이 어떤 경험이라도 다 해보길 바라는 마음이셨을 것이다. 지금에 나 또한 그렇다. 이렇게 아들에게 증여한 돈이 먼 훗날에 수억이 되고 수십억이 되면 좋겠지만, 그것보다 내가 그 나이에 감히 할 수 없었던 것을 내 아들들은 마음껏 시도해봤으면 하는 바람이 더 크다. 그리고 욕심을 보태자면, 자신만의 철학을 가지고 세상을 깊이 이해하고, 올바른 방법으로 투자를 이어나갔으면 한다. 또 돈에 지배당하지 않고 돈 때문에 본인이 하고 싶어 하는 일을 포기하는 일도 없었으면 좋겠다. 그냥 좋은 회사들과 동행하며, 풍족하고 즐겁게 주변 사람들과 나누며 사는 삶을 살았으면 좋겠다.

평범한 가정도 부자가 될 수 있다!

아내와 아들과 함께 투자하면서 나는 이미 많은 것을 얻었다. 가정에서의 대화가 늘었고 재미가 늘었다. 시간이 지나면 당연히 자산도 늘어날 것이다. 이제는 이렇게 많은 것을 얻을 수 있는 기회와 방법들을 주변 사람들과 나누고 싶다. 지금처럼 가족이 함께 투자하고 자연스럽게 경제를 배우면, 평범한 가정도 충분히 부자가 될 수 있다는 사실을 증명해 보이고 싶다. 그러기 위해 우리만의 투자 방식과 철학을 유튜브를 통해 소통하며 이어나가 보려 한다. 아내의 에필로그에 적힌 글처럼 은퇴 후 캠핑카로 전국을 다니며 와플을 굽고 더 많은 사람들과 이야기를 나누며 행복한 시간을 보낼 날을 나 또한 기다려본다.

서창호

부록

2년 만에 경제 인플루언서가 된 엄마의 공부법

외국어 귀가 뻥 뚫리듯 경제뉴스가 들리던 날
(feat. 투자 전 필수 경제상식)

낯선 경제용어들, 일단 익숙해지자!

처음 경제신문을 읽었을 때 기억이 생생하다. 분명 우리말로 된 글을 읽었는데 마치 외국어인 듯 읽어도 이해되지 않아 갑갑했다. 낯선 경제용어들이 발목을 잡는 통에 기사를 끝까지 읽고도 기억에 남는 건 없었다. 주식시장의 흐름도 공식처럼 외우면 되는 것으로 착각하고는 끼워 맞추기 식의 공부를 하다 보니 막히는 부분이 많았다.

그 후에도 별반 나아지지 않았지만 정수리의 뜨거운 열기가 느껴질 정도로 신문기사를 읽고 뉴스를 찾아보았다. 매일 정해진 시간은 물론, 짬짬이 경제용어들과 친해지며 조금씩 경제지식을 쌓아갔다.

그러던 어느 날, 외국어 귀가 뻥 뚫리듯 경제뉴스가 제대로 들리기 시작했다. 알고 있는 용어나 개념이 뉴스에서 언급될 때 드는 쾌감은 심봉사가 눈을 뜬 것마냥 짜릿했다. 그때부터 나는 경제신문을 읽고, 뉴스를 듣는 일을 미래를 준비하는 건강한 루틴으로 삼고 있다. 처음이 어렵고 힘들지 일단 익숙해지면 이보다 흥미로운 분야도 없다.

내가 속한 '사회' 그리고 '세상'의 연결고리를 알아가는 과정은 한층 성숙한 어른이 되는 길이기도 하다. 나의 아이와 남편의 안위를 걱정하는 일에서 벗어나 '경제'에도 관심을 기울여보자. 경제에 대한 기본 상식과 용어에 대한 이해를 쌓으면 언젠가 경제라는 낯선 바다에서 자유롭게 헤엄칠 수 있는 날이 올 것이다.

필수 경제상식 1 - 물가

'서민 경제 휘청, 퍼펙트 스톰이 몰아친다'

얼마 전 뉴스의 헤드라인이다. 퍼펙트 스톰이란 자산 시장의 거품이 과열되어 일제히 붕괴되는 현상을 말한다. 전문가들은 세계 경제는 장기적으로 성장하고 있지만 퍼펙트 스톰과 같은 위기는 주기적으로 반복된다고 한다.

경제 위기의 신호는 바로 '물가[◆] 상승'이다. 물가가 지속적으로 오르는 현상을 '인플레이션'이라고 하는데 그럼 인플레이션은 왜 발생하는 것일까?

제품의 생산 비용이 오르면 제품 가격도 함께 오르게 된다. 예를 들어 1900년대 발생한 석유파동으로 원자재인 석유 가격이 급등하자 세계적인 인플레이션이 찾아왔다. 석유 가격 상승으로 물건 가격이 비싸진다면 어떻게 될까? 임금은 늘지 않은 상황에서 물가만 오르면 생활 수준은 낮아지고, 같은 돈으로 살 수 있는 물건의 양이 줄어드니 돈의 가치 또한 떨어지게 되는 것이다.

◆ **물가** : 시장에서 자주 거래되는 상품과 서비스의 평균 가격을 말한다.

필수 경제상식 2 - 금리

중앙은행은 금리를 조절해 시중에 돌아다니는 돈의 양을 조절한다. 이를 다른 말로 '유동성[*]'이라고 한다.

금리가 중요한 이유가 바로 유동성을 결정하기 때문이다. 금리가 높아지면 은행에 돈을 저축하는 사람이 늘어나 유동성이 축소된다. 반대로 금리가 낮으면 은행에서 돈을 빌려 쓰는 사람이 늘어나 유동성이 풍부해진다. 풍부한 유동성으로 시중의 통화량이 늘어나면 예금은 줄고, 소비가 증가해서 경기가 회복되는 효과를 기대할 수 있다. 하지만 이러한 자금들이 부동산과 주식시장으로 몰리게 되면 투자 과열(버블)로 이어질 수 있다.

이때 금리가 오르면 돈의 가치도 오르게 된다. 이자가 오르게 되면 상대적으로 안정적인 투자처인 은행으로 돈이 모이게 된다. 시중에 돌고 있는 돈의 양은 일정한데 돈이 은행으로만 모이게 되면 소비가 감소하고 주식과 부동산 투자 시장의 침체가 온다는 뜻이다. 즉, 금리가 오르면 돈의 가치가 상승하여 시중의 통화량이 줄고 경제가 위축될 수 있다.

요즘 들어 미국의 금리 인상 소식이 연이어 보도되고 있다. 미국이 금리를 인상하면 한국에 투자한 외국인 자금이 미국으로 다시 돌아갈 수 있기에 우리나라의 금리도 인상될 수 있다. 이처럼 금리 인상은 부정적으로 해석되는 경우가 많다.

◆　여기서 유동성은 개인, 기업 등 경제주체가 보유한 자산을 현금화할 수 있는 능력을 포괄하여 말하기도 한다.

필수 경제상식 3 – 금리와 주식시장의 관계

금리가 오른다는 것은 기업의 입장에서는
이자를 많이 내야 하므로 경영이 힘들어질 수
있다. 즉, 자산 축적이 높은 가치주[*](금융, 건설

등)보다 대출을 많이 받아 신기술을 연구하고 개발하는 성장주[**](전기차, 바이오
등)의 주가가 일시적으로 하락할 수 있다.

물론 금리가 오르는 것이 기업에게 악영향만 있는 것은 아니다. 금리 상승으로
기업이 상품 가격을 올려 매출과 실적이 함께 상승하면 주가가 오를 가능성도 있
기 때문이다. 그렇기 때문에 금리 하나로 주식시장의 영향을 가늠하기란 어려운
일이다.

필수 경제상식 4 – 금리와 채권과의 관계

정부나 공공기관, 기업 등이 돈을 빌리기 위
해 발행하는 것이 채권이다. 쉽게 생각하면 채
권은 돈을 빌렸음을 증명하는 증서로, 채권에

는 돈을 빌린 금액과 만기일, 이자를 주는 방법, 채권수익률(이자율) 등이 나타나
있다. 정부나 기업이 발행한 우량채권은 만기가 되면 원금과 이자를 돌려주기 때
문에 주식보다 안전한 투자 상품에 속한다. 채권은 주식처럼 거래하는 채권시장

- ◆ **가치주** : 성장은 더디지만 현재 가치에 비해 저평가된 주식. 성장주에 비해 주가의 변동이 크지 않아 안정
  적인 성향의 투자자들이 선호하는 편이다.
- ◆◆ **성장주** : 기업의 수익구조가 지속적으로 향상되고 있어 장기간에 걸쳐 주가가 큰 폭으로 상승하고 있는
  주식. 현재의 배당 및 이익, 실적 등에 비해 주가가 높게 형성돼 있는 경우가 많다.

이 있다. 하지만 거래금액 단위가 커서 개인이 직접 거래하기 힘들기 때문에 대부분 은행이나 증권회사를 통해 펀드나 ETF 방식으로 투자한다. 발행된 채권이 시장에서 거래될 때는 금리의 영향을 받는데, 보통 금리가 올라가면 먼저 발행된 낮은 금리를 주는 채권의 가치가 떨어져서 채권 가격도 떨어진다. 반대로 금리가 내려가면 높은 금리를 주는 기존 채권의 가치가 높게 평가되어 채권의 가격은 올라간다.

필수 경제상식 5 - 고용지표

경제활동에 있어서 일자리는 매우 중요한 문제이다. 일자리가 부족하면 많은 사람들이 생계문제에 직면하는 건 물론이고 불안한 사회 분위기가 조성된다.

'뉴욕 증시, 고용지표 부진에 충격, 다우 0.21% 하락'

얼마 전 뉴스 헤드라인이다. 이렇듯 고용지표는 주식시장과 금리 인상 등과 맞물려 미래 경제 상황을 전망하는 데 큰 역할을 한다.

필수 경제상식 6 - 환율

환율은 돈과 돈의 교환비율이다. 환율이 떨어진다는 것은 원화 가치가 상대적으로 높아진 것을 의미한다. 다시 말해 1달러를 사는 데

달러투자는 어떻게 시작하면 좋을까?

1,129원을 내야 하는 경우와 980원을 내야 하는 경우를 비교해보면 이해가 쉽다. 원화 가치가 상대적으로 높은 쪽은 1달러를 980원으로 바꿀 수 있을 때 즉,

---

◆ **기축통화** : 국제간의 결제나 금융거래의 기본이 되는 통화.

환율이 떨어졌을 때다.

국내 주식시장은 기축통화*인 달러를 조절하는 미국의 영향을 받는다. 자동차와 반도체, OLED 등과 같은 수출 비중이 높은 기업은 환율이 상승하면 수혜를 본다. 수출해서 똑같은 양을 팔아도 달러의 가치가 높아서 원화로 환산하면 실적이 좋아지기 때문이다. 벌어온 달러를 원화로 바꾸려는 수요가 늘어나면 통화량 증가와 주가도 함께 상승할 수 있다. 하지만 미국이 금리 인상을 하거나 신흥국들의 경기침체로 환율이 상승할 경우 국내 주식시장에 악영향을 미칠 수도 있다.

반대로 환율이 하락하게 되면 어떤 일이 벌어질까? 대표적으로 항공 업종이 수혜를 본다. 연료 가격을 달러로 지불하기 때문에 환율이 내려가면 그만큼 이익을 보게 된다. 이처럼 환율의 상승과 하락은 주식시장의 다양한 신호로 해석될 수 있다.

코로나 때문에 인플레이션이 발생했다고?

통화량이란 시중에 돌아다니는 돈의 유통량을 말하는데 이것으로 물가가 조정되기도 해요. 코로나로 인해 미국을 비롯한 우리나라는 대규모 재정 지원 정책을 실시

했어요. 그 결과 시중의 막대한 자금이 풀리게 되어 통화량이 증가했지요. 이때 생산된 물건은 그대로인데 통화량이 급격하게 늘어나면 물건에 지불하는 돈의 양도 늘어나게 됩니다. 즉, 통화량이 늘어나면 돈의 가치는 하락하고 인플레이션(물가상승)이 발생할 가능성이 높아요.

스태그플레이션

침체를 의미하는 스태그네이션(stagnation)과 물가상승을 의미하는 인플레이션(inflation)을 합성한 용어로, 경제활동이 침체되고 있음에도 불구하고 지속적으로 물가가 상승하는 상태를 의미해요. 예전에는 경기가 침체되어 있을 때 물가는 떨어지고, 물가가 오를 때 경기는 호황 상태가 될 거라 예측했으나 최근에는 불황과 인플레이션이 공존하는 사태가 나타나고 있어요.

디플레이션

상품과 서비스의 가격이 지속적으로 하락하여 경기가 침체되는 현상을 디플레이션(deflation)이라고 해요. 상품과 서비스의 가격이 낮아지면 소비자에게 좋을 거라고 생각할 수도 있지만 그렇지 않아요. 상품과 서비스의 가격하락은 돈의 가치가 높아진 것을 의미해요. 돈이 귀해지면 사람들은 돈 쓰는 것을 주저하게 되고 기업들은 신규 투자를 줄이게 되지요. 결국 전체적인 기업활동은 정체되고 생산의 축소가 이루어진 결과 실업자가 늘어나면서 경기가 악화되는 현상이 나타나기도 해요.

경제 공부를 포기하고 싶을 때 쓰는 처방전

'너무 모르는 사람들은 좋은 수익을 내지 못한다. 하지만 과하게 많이 아는 사람들도 좋은 수익을 내지 못한다.'

많이 안다고 많은 수익을 내는 것이 결코 아니라는 이야기다. 적당히 알고 지속적으로 관심을 가지는 사람들이 오히려 좋은 성과를 낼 수 있다. 지치지 않을 정도로 조금씩 그리고 쉽게 우선 시작해보자.

어린이 책부터 읽어보자

도서관 '사회과학' 코너에서 경제 서적을 살펴보면 어마어마한 두께의 책들이 꽂혀 있다. 《자본주의란 무엇인가》, 《시사 경제상식》 등 제목만 봐도 지루해 보이는 책이 많다. 처음부터 이런 책들을 읽으려 하지 말자. 경제 공부를 하겠다고 마음먹었다면 아이들과 재밌게 읽을 수 있는 책부터 읽는 것이 좋다.

초등 고학년용으로 나와 있는 관련 책들을 먼저 읽어보자. 나 또한 어린이 경제 서적 위주로 읽으며 기본 개념을 익힐 수 있었다. 경제의 원리와 관련 용어들을 아이들이 이해하기 쉽도록 이야기로 풀어놓은 책들이 의외로 많다. 아이와 경제에 대한 대화를 할 때도 분명 많은 도움이 될 것이다.

경제용어에 집착하지 말자

갈라파고스 신드롬, 샌드위치 위기, 마라도나 효과, 프로보노 퍼블리코…… 신문의 칼럼을 읽다보면 생소한 용어가 수두룩하게 등장한다. 경제의 흐름을 빗대어 설명하는 용어는 끊임없이 생겨나고 있다. 그 무수한 용어를 굳이 다 섭렵하지 않아도 된다는 이야기다.

우리가 젊은 세대들이 쓰는 신조어를 100% 알고 있지 않아도 의사소통할 때 무리가 없듯이 낯선 경제용어를 100% 이해하고 있지 않아도 된다. 쉽게 풀어서 설명하는 기사만 골라 읽으면 된다는 말이다. 경제·시사상식 용어에 집착하다 보면 오히려 큰 흐름을 읽는 데 방해가 될 수 있다. 꾸준히 습관처럼 신문을 읽고 뉴스를 보는 것이 더 중요함을 잊지 말자.

귀로 듣는 것부터 가볍게 시작

내가 하루도 빠지지 않고 듣는 라디오 방송이 있다. 바로 <이진우의 손에 잡히는 경제>다. 그날의 핵심뉴스를 3~4가지 정도 추려 쉽게 이야기해준다. 하루 20분만 투자하면 세상 소식을 다양한 시각으로 재미있게 알아갈 수 있다. 신문을 읽을 시간이 없다면 자투리 시간을 이용해 네이버 오디오 클립이나 팟빵 등을 통해 경제를 오디오로 접해보자.

신문과 뉴스를 보기 힘들다면 앱을 활용하자!

네이버 앱에서 관심사에 경제지표를 추가하면 코스피, 코스닥, S&P500 지수

등 나라별 주가지수와 환율, 원자재, 채권금리 등을 한눈에 알아볼 수 있다. 경제 M, 비즈니스, 테크 영역도 추가해두면 경제와 산업 전반의 주요 이슈를 함께 확인할 수 있다.

네이버 앱에서 주가지수와 경제, 산업 전반의 이슈를 확인하면서 틈틈이 경제 공부를 해보자.

왕초보를 위한 추천 도서와 유튜브 채널

'돈'과 관련된 주제의 책을 주기적으로 읽으며 투자를 하는 것도 좋아요. 그리고 뉴스와 책에서 궁금한 것이 생기면 유튜브에서 관련 내용을 영상으로 접하면 더 이해가 쉬워요.

추천 도서

- 《돈의 속성》 김승호
- 《돈의 심리학》 모건 하우절
- 《보도 섀퍼의 돈》 보도 섀퍼
- 《전설로 떠나는 월가의 영웅》 피터 린치, 존 로스차일드
- 《부자 아빠 가난한 아빠》 로버트 기요사키
- 《선물주는산타의 주식투자 시크릿》 선물주는산타
- 《강방천의 관점》 강방천
- 《주식투자 절대 원칙》 박영옥(주식농부)

추천 유튜브 채널

- 듣똑라
- 티타임즈TV
- 홍춘옥의 경제강의노트
- 김작가TV
- 14F
- 주코노미TV
- 박곰휘TV
- 815머니톡

기타

- MBC라디오 <이진우의 손에 잡히는 경제>
- EBS <다큐프라임 - 자본주의>
- tvN <미래수업>

왕초보 주식 공부는 용어로 개념부터 잡는다!

살림과 육아로 바쁜데 주식 공부는 언제 하느냐고?

지인이 최근 주식투자를 시작했다는 소식을 들었다. "가입한 리딩방에서 시키는 대로 했더니 월급을 보름 만에 벌었어. 대박이지?"라며 단톡방의 정보를 놓칠세라 이유식을 먹일 때 조차도 핸드폰을 쥐고 있다고 했다. 이제 자신의 월급은 우습게 느껴져 퇴사까지 고민한다는 말을 듣고 가슴이 철렁 내려앉았다.

살림과 육아와 직장생활을 병행하면서 주식을 공부하기란 쉬운 일이 아니다. 게다가 주식 공부는 자격증 시험처럼 기출문제나 공식이 정해져 있지 않아 사실 더 막막하다. 서점을 가봐도 '차트 분석이 먼저다', '재무제표 보는 법 모르면 투자하지 마라', '미국 배당주가 정답이다' 등의 내용을 담은 수많은 책이 나와 있다. 넘쳐나는 정보로 공부를 시작하기도 전에 이미 지쳐버리곤 한다.

이러한 상황에서 최소한의 노력으로 돈을 벌어보고 싶은 간사한 마음이 생기는 건 어쩌면 당연한 일이다. 하지만 선택의 수고로움을 덜기 위해 특정 정보에 함몰되는 건 위험하다. '여기에 투자해서 얼마 만에 얼마를 벌었다더라' 식의 레퍼토리에 팔랑귀가 되어선 안 된다. 쉽게 얻은 정보로 돈을 버는 것은 투자가 투기로 변하는 위험한 일이다.

살림과 육아로 바쁜 주부의 틈새 시간은 황금과 같다. 이 시간에 이것저것 힘들게 공부하기보다 용어 위주로 개념을 잡는 것이 효율적이다. 기본 용어를 머릿속에 정리한 후, 성공적인 투자를 한 사람들의 방법을 참고해도 늦지 않다.

차트, 재무제표보다 중요한 것은 '세상을 보는 새로운 안목'이라 생각한다. 사소한 일상에서 투자의 힌트를 찾고 아이와 함께 이야기를 나눌 수 있는 즐거운 투자가 되어야 한다. 직접 구매한 제품과 서비스를 제공하는 기업과 먼저 친해지면 된다. 더불어 자신의 생활 패턴에 맞는 경제 공부를 하며 투자를 지속하다 보면 자연스레 주식 초보 딱지를 뗄 수 있을 것이다. 조급하게 생각하지 말고 차곡차곡 기본기부터 닦아보자.

주식 기본용어 개념은 잡고 투자하자

다음은 투자 전에 꼭 알아두면 좋은 주식용어를 정리한 것이다.

◆ **상장** : 기업의 주식이 증권시장에 거래되도록 하는 것으로 우리나라는 한국 거래소(KRX)에서 주관하고 있다. 국내주식 시장은 크게 코스피, 코스닥, 코넥스* 시장이 있다.
◆ **유가증권** : 거래할 수 있는 주식과 채권을 보통 말하는데 코스피시장을 유가증권시장이라고 한다.

◆ **코넥스** : 자본시장을 통한 초기 중소 벤처기업의 성장지원 및 모험자본 선순환 체계 구축을 위해 개설된 초기중소기업 전용 신시장.

◆ **IPO(기업공개)** : 증권시장에 상장하기 위해서 기업의 주식과 경영내용을 공개하는 것을 말한다. 일반적으로 상장과 같은 개념으로 표현되기도 하지만 기업공개를 원활히 하기 위해 상장이라는 수단을 사용한다는 것이 정확한 의미다.

◆ **지수** : 시장 전체나 특정 업종의 움직임을 보여주는 수치다. 주가(주식의 가격)를 종합적으로 반영해 만든 지표로 국내 유가증권시장은 코스피지수가, 코스닥시장은 코스닥지수가 전체 시장의 움직임을 보여주는 대표적인 지수다.

◆ **공모주** : 기업이 주식시장에 상장하기 위해 공개적으로 투자자들을 모집하는데 이때 파는 주식을 공모주라고 한다. 공모주 가격을 공모가라고 하는데 공모주를 사기 위해 신청하고 일정 금액을 증거금으로 내는 것을 '공모주 청약'이라고 한다.

◆ **보통주** : 주주가 되면 회사경영에 참여할 수 있는 의결권이 생기는데, 의결권이 있는 일반 주식을 보통주라고 한다.

◆ **우선주** : 회사를 운영하기 위해 투자금을 모을 때, 보통주만 발행하면 대주주 지분이 줄어든다. 이때 대주주의 경영권을 보장하기 위해 발행하는 것이 우선주다. 우선주는 의결권이 없는 대신 배당금을 보통주보다 많이 주는 편이다.

◆ **배당** : 기업이 일정 기간 동안 영업활동을 해 발생한 이익 중 일부를 소유한 주식 수에 비례하여 주주들에게 나눠주는 것이다. 우리나라보다 미국 주식이 배당을 많이 주는 편이다.

◆ **배당수익률** : 주가 대비 1주당 배당금의 비율로, 주가가 1만원이고 1년에 1주당 500원을 배당금으로 준다면 배당수익률은 5%가 된다.

◆ **액면분할** : 1주를 여러 주식으로 쪼개서 액면가를 낮추는 것이다. 액면가란 주식을 최초로 발행할 때의 가격을 말한다. 예를 들어 1주당 액면가가 5,000원인 주식이 현재 50만원에 거래된다고 하면 이 주식을 1주당 5주로 액면분할하면 액면가는 1,000원이 되고 주가는 10만원이 된다.

◆ **인적분할** : 신설회사의 주식 또한 기존회사와 비율대로 분할하는 방식을 말한다. 인적분할 시 신설회사의 상장이 보다 쉬운 편이라서 진행하는 경우가 많다. 만약 기존의 A 회사가 주주 비율이 60%(가), 30%(나), 10%(다)였다면 신설회사 B의 주주 비율도 60%(가), 30%(나), 10%(다)를 가지게 된다.

◆ **물적분할** : 회사 분할 시 기존회사가 지분을 100% 가진 자회사를 신설하는 형태의 분할이다. A회사를 분할하여 B라는 회사를 신설했는데 B의 지분을 A가 100% 가지는 형태이다. 물적분할을 하는 이유는 기존 주주들에게 주식이 돌아가는 인적분할과 달리 자회사에 대한 지분을 100% 다 가질 수 있기 때문이다.

◆ **자본금** : 기업이 주식을 발행해 주주들에게 팔아 모인 자금이다. 자본금은 주주들이 액면가로 주식을 산 것으로 계산하는데, 발행한 주식 수에 액면가를 곱한 것이다.

◆ **자기자본(순자산)** : 회사를 처음 세울 때는 액면가로 주식을 팔고 난 후에는 액면가보다 높은 가격으로 주식이 거래된다. 그러면 자본금과 회사가 주식을 팔고 받은 돈 사이에 차액이 생기는데 이것이 '자본잉여금'이다. 기업의 영업 활동으로 모인 돈은 '이익잉여금'이라고 하는데, 자본금과 자본잉여금, 이익잉여금을 모두 합한 것을 자기자본(자본)이라고 하며 다른 말로 '순자산'이라고도 한다. 보통 자기자본비율이 높을수록 우량한 기업으로 평가된다.

◆ **시가총액** : 발행한 주식 수에 주가를 곱한 것으로 주식시장에서 평가되는 주식의 가치를 말한다. 전체 주식시장의 시가총액은 그 주식시장의 규모를 나타내며, 한 국가의 경제 크기를 나타내는 지표로도 활용된다.

◆ **매출액** : 기업의 주요 영업 활동으로 얻는 수익, 상품이나 서비스를 판매한 금액의 합계이다.

◆ **영업이익** : 순수하게 영업을 통해 벌어들인 이익으로 매출액에서 매출원가, 관리비와 판매비를 뺀 것이다.

◆ **당기순이익** : 매출액과 함께 회사 경영상태를 나타내는 대표적인 지표다. 영업이익에서 이자, 특별 손실과 법인세 등을 차감한 것으로 기업이 한 사업연도 동안 얼마나 많은 돈을 벌었는지 나타내는 수치다.

◆ **부채비율** : 소유한 재산 중 부채가 차지하고 있는 비율로, 기업의 재무건전성을 평가하는 데 참고로 활용한다. 예를 들어 부채비율이 200%라면 빚이 자본보다 두 배 많다는 것이다.

◆ **유보율** : 기업이 동원할 수 있는 자금을 측정하는 지표로 유보율이 높을수록 불황에 대비할 수 있고 신규 투자 여력이 높다. 기업의 안정성을 측정하기 위해 부채비율과 함께 자주 활용한다.

◆ **증자** : 기업이 주식을 더 발행해서 자본금을 늘리는 것으로, 새로 발행한 주식을 주주들에게 돈을 받고 파는 유상증자와 새로 발행한 주식을 주주들에게 공짜로 주는 무상증자가 있다.

◆ **감자** : 기업의 주식 수를 줄여 자본금을 줄이는 것으로, 주주의 주식을 돈을 주고 사서 주식 수를 줄이는 유상감자와 돈을 주지 않은 채 주식 수를 줄이는 무상감자가 있다.

10억으로 개업한 빵집 사례로 보는 주식 성적표
- ROE, PBR, PER

기업에 투자하기 전 살펴보는 지표들

기업의 재무제표를 보면 ROE, PBR, PER 등 외계어 같은 용어들이 많다. 이는 추상적인 개념을 재는 단편적인 수치일 뿐이므로 겁먹지 않아도 된다.(알면 좋지만 잘 모른다고 해서 투자를 못 한다는 이야기가 아니다) 용어 이해에 앞서 우리는 스스로에게 물어볼 것이 있다. '이 기업을 통째로 산다면 나는 얼마만큼의 미래 가치를 지불할 수 있을 것인가?' 질문에 대한 확신이 드는 기업이 있다면, 기업이 벌어 놓은 돈과 앞으로 벌어들일 돈을 사람들이 얼마나 좋게 평가하고 있는지를 살펴보면 된다. 이럴 때 이용하는 도구가 다음의 것들이다.

◆ **ROE(자기자본이익률)** : 기업운영이 얼마나 효율적으로 이루어지고 있는지를 반영하는 지표다. 기업이 자기자본을 활용해서 지난 1년간 얼마나 많은 돈을 벌었는지 나타내는 대표적인 수익성 지표로 ROE가 높을수록 주가에는 긍정적이다.

◆ **EPS(주당순이익)** : 기업이 벌어들인 순이익을 주식 수로 나눈 값으로 주식

1주당 이익을 얼마나 창출했는지 나타내는 지표로 EPS가 높을수록 경영실적이 양호하고 주가에 긍정적이다. 하지만 EPS 하나만으로 그 주식의 가치를 평가하기는 힘들다. 주식의 가격도 고려해야 하기 때문이다. 그래서 PER을 보며 주식의 가격에 대한 평가도 함께 확인해야 한다.

◆ **PER(주가수익비율)** : 1주당 거래되는 주식가격을 EPS로 나눈 수치를 말한다. 주당 벌어들이는 순이익에 비해 주가가 얼마나 반영이 되었는지 나타내는 것으로 PER이 높을수록 고평가, 낮을수록 저평가되었다고 본다. 주로 동종업계 내 다른 기업을 비교할 때 사용한다.

◆ **PBR(주가순자산비율)** : 회사가 빚을 빼고 가지고 있는 순자산을 주식 수만큼 나누면 주당 순자산을 알 수가 있다. 주가를 주당순자산으로 나눈 수치가 바로 PBR이다. 예를 들어 PBR이 1이면 주당순자산과 주가가 같고, 1보다 낮을 경우 회사보유 자산에 비해 주가가 싸다고 본다.

◆ **BPS(주당 순자산가치)** : 기업의 부채를 제외한 순자산을 모든 주주에게 나눠줄 경우 1주당 얼마씩 배분되는가를 나타내는 것으로 높을수록 수익성 및 재무건전성이 양호해 투자가치가 높은 기업이라 할 수 있다.

<사례> 10억원으로 개업한 빵집의 경제성적표

자본금 10억원으로 차린 빵집이 1년 동안 빵을 팔아서 1억원의 순이익을 냈다. 그러면 ROE는 '10'이 되는데 그 계산식은 다음과 같다.

$$ROE = \frac{당기순이익(1억원)}{평균\ 자기자본(10억원)} \times 100$$

빵집은 장사가 잘돼서 주식시장에 상장하게 되는데 20억원의 가치를 가진 기업이 된다. 이때 내가 가진 10억원의 자본금 대비 주식의 가격이 20억원이 되었으므로 PBR은 '2'가 되는 것이다.

$$PBR = \frac{주가}{주당\ 순자산가치(BPS)}$$

빵을 팔아서 번 1억원에 비해 주식의 가격은 20억원이 되었으므로 PER은 '20'이 된다. 즉, PER이 20이면 빵집을 인수하는 데 20년이란 시간이 걸린다는 뜻이다.

$$PER = \frac{주가}{주당순이익\ (EPS)}$$

ROE, PBR, PER?

 자본금 10억원을 가지고 빵집을 차려볼게요.

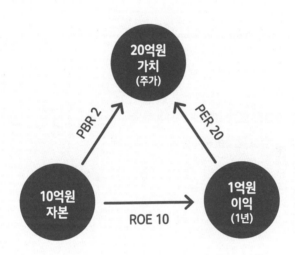

네이버 증권에서 기업의 성적표 찾는 법
(feat. 삼성전자)

주식 성적표를 보고 싶을 때 가장 간편하게 정보를 얻을 수 있는 네이버 증권 검색창에 삼성전자를 검색해보자.

<체크❶> 삼성전자를 사려면 가격이 얼마인가?

시총 약 425조

<체크❷> 몇 년 동안 돈을 벌면 삼성전자 전체를 살 수 있을까?

PER 13.8년

<체크❸> 삼성전자의 시가총액은 순자산의 몇 배인가?

PBR 1.68배

<체크❹> 삼성전자가 돈을 벌어 주식 1주를 보유한 주주에게 얼마씩
나눠줬는가?

주당 배당금 2,994원, 배당수익률 4.21%

네이버 증권에서 회사의 간단한 성적표를 보고 좋은 회사라는 판단이 든다면 조금 더 자세한 자료를 제공해주는 '에프앤가이드 상장기업분석'에서 삼성전자를 분석해보자. 에프앤가이드 상장기업분석은 국내기업 정보만 검색이 가능하다.

네이버 증권에서는 최근 3년간의 성적표를 볼 수 있지만 에프앤가이드에서는 5년간의 성적표를 제공하고 더 자세한 재무자료를 한눈에 볼 수 있다.

기업의 성적표 분석하는 법

좋은 기업은 성적표 만으로 찾을 수 없다!

성적표 분석1 - 매출액

이 회사가 제품을 꾸준하게 잘 팔고 있는지 확인할 수 있다. 당연히 매년 매출액이 증가하면 가장 좋다. 주식 초보자는 매출액이 줄어드는 회사는 처음부터 투자대상에서 제외하는 것을 추천한다.

성적표 분석2 - 당기순이익

제품을 팔았으면 이익을 남겨야 한다. 이익이 매년 꾸준하게 증가하면 좋겠지만 회사가 공장을 짓거나 투자를 하면 이익은 줄어들 수도 있다. 하지만 당기순이익이 계속해서 마이너스로 표시된다면 초보자는 피해야 할 주식이다.

성적표 분석3 - 부채비율

회사가 가진 돈(자본금) 대비 빌린 돈(부채)의 비율을 말한다. 개인도 빌린 돈이 많으면 불안하듯이 기업도 부채비율이 높으면 업황이 안 좋거나 금리 상승 시기에 힘들 수 있다. 초보자 마음이 편하려면 부채비율이 100% 미만인 회사가 좋다.

성적표 분석4 - 영업이익률

영업이익률은 회사가 제품을 팔아서 원가와 비용을 빼고 실제 남긴 금액의 비율을 말한다. 영업이익률이 높으면 그만큼 경쟁력 있는 제품을 만드는 회사라는 의미로 볼 수 있다. 내가 투자하려는 회사가 영업이익률이 낮아지고 있는 건 아닌지 잘 살펴보자.

성적표 분석5 - 배당수익률

회사가 돈을 벌어서 주주에게 돌려주는 배당수익률은 당연히 높을수록 좋다. 최근의 배당수익률이 높은지보다는 매년 꾸준하게 증가하고 있는지를 잘 살펴보자. 배당수익률이 매년 증가한다는 뜻은 그만큼 돈을 잘 벌고 주주들을 위한 경영을 한다는 의미로 해석되므로 주가에도 긍정적일 수 있다.

나는 월급날, 주식을 산다!

봉현이형 지음 | 17,000원

네이버 인기 인플루언서 봉현이형 투자법
월 33만원 초우량주가 10년 후
부를 좌우한다!

- 재무제표 몰라도, 차트분석 안 해도
  주식투자 할 수 있다?
- 사회초년생부터 네임드까지 열광한
  〈봉현이형 투자법〉 3단계 실천!
- 미국주식부터 연금저축펀드까지!

돈이 된다! 주식투자

김지훈 지음 | 24,000원

삼성전자만큼 매력적인
똘똘한 성장주 39 대공개!

- 돈 버는 산업도 내일의 금맥도 한눈에 보인다!
- 차트도 재무제표 분석도 어려운 왕초보도 OK!
- 〈포스트 코로나 투자 리포트〉 무료 쿠폰 제공!

★ 네이버 최고 기업분석 블로거의 족집게 과외 3단계!
1. 좋아하는 기업을 찾는다.
2. 뒷조사를 한다.
3. 가장 쌀 때를 노린다.

미국 배당주 투자지도

서승용 지음 | 22,000원

나는 적금 대신
미국 배당주에 투자한다!

- 미국 배당주 BEST 24 추천!
- 수익률 10%, 고배당주, 1년에 4번 현금배당!
- 초보자도 쉽게 배우는 종목 분석 체크리스트 제공!

★ 월급쟁이부터 퇴직자까지 투자자 유형별 종목 추천!
1. 퇴직자라면? 고정배당 우선주(배당률 5~8%)
2. 월급쟁이라면? 배당성장주(배당률 2~4%)
3. 공격적 투자자라면? 고배당주(배당률 10%)

1억을 모았습니다

월재연 슈퍼루키 지음 | 14,000원

월재연 80만 회원 열광!
1억이 2억 되고 2억이 4억 된다

- 월재연 슈퍼루키 10인의 1억 재테크 성장기
- 10인 10색의 생활밀착형 재테크 노하우 대공개!

★ 왕초보도 따라할 수 있는 '진짜' 노하우 대공개!
1. 절약·저축으로 1억 모으기!
2. 주식·펀드로 1억 모으기!
3. 부동산 투자로 1억 모으기!